Ulrich Kulicke

AF284870

Der Mensch,
wie er leibt und lebt

Humoristische Gedichte

Impressum

Bibliografische Information der Deutschen
Nationalbibliothek: Die Deutsche Nationalbibliothek
verzeichnet diese Publikation in der Deutschen
Nationalbibliografie; detaillierte bibliografische Daten sind im
Internet über dnb.dnb.de abrufbar.

© 2021 Ulrich Kulicke
Herstellung und Verlag: BoD – Books on Demand, Norderstedt
ISBN: 978-3-7534-9603-0

Mit Illustrationen von
- Viktoria Wagner (vw)
- Markis (ma)
- Hans-Joachim Werda (hjw)

Stade, im Mai 2021

Zum Inhalt

1   Der Mensch, wie er leibt und lebt

Der Mensch, so wie er leibt und lebt,
wie er als Wesen vorwärts strebt,
was ihn erfüllt, was ihn bewegt,
was er gedanklich in sich trägt,
wird in Gedichten aufgespürt,
was jeden, der sie liest, berührt.
Denn jeder Mensch in seiner Art
ist außerordentlich apart.
Er ragt hervor als Kreatur,
ist schöpferisch in der Kultur,
nuancen- und facettenreich
und so bestaunenswert zugleich.
Als Wesen ist er funktionell
phänomenal, sensationell!
Denn was er leistet, ist famos,
ist eindrucksvoll und grandios.
Unglaublich, was er alles schafft!
Hingebungsvoll, mit Geisteskraft,
mit der er diese Welt gestaltet,
in ihr sich konstruktiv entfaltet.
Der Mensch in seinem Naturell,
gefühlsstark, klug, spirituell,
ist insgesamt in der Statur
ein großer Glücksfall der Natur,
ein Grund, dass man ihn würdigt, schätzt
und ihm mithin ein Denkmal setzt,
gedankenvoll aus vielen Sichten
in humoristischen Gedichten.

vw

2   Typische Körpermerkmale ausbilden

Körperlichkeit

Der Mensch in seiner Wesensart,
ob grob im Wuchs, ob zierlich zart,
ist phänotypisch gleich gestaltet,
weil er sich wesensgleich entfaltet.

So hat ein jeder Mensch zwei Beine,
zum Gehen nutzt er sie alleine,
dazu zwei Arme, Hände auch,
zehn Finger hat er in Gebrauch.

Der Kopf ist dicht behaart und groß,
nur das Gesicht ist nackt und bloß,
und diese Welt erfassen Augen,
die fabelhaft zum Sehen taugen.

Als Säugetier ist er geboren,
ist hilfsbedürftig, wär verloren,
wenn ihn die Mutter nicht ernährte
und ihm als Säugling Schutz gewährte.

Rein anatomisch funktionell
sind Menschen gleich ganz generell,
nur wenn man sie genau besieht,
erkennt man ihren Unterschied.

vw

Figur

Plump oder drall,
kugelrund prall
oder auch rank,
hager und schlank,
schief oder gerade
von Kopf bis Wade
ist die Figur
in der Natur.
Mal durchtrainiert,
athletisch tailliert,
breitschultrig auch
mit Waschbrettbauch.
Dann sagt man nur:
Superfigur!
Mal aber auch
mit Hängebauch,
nicht muskulös,
fett, adipös.
Dann bleibt wohl nur:
„Ab in die Kur!"
Doch letztlich: Figürlich
ist jeder natürlich!

vw

Haut

Du selbst bist sehr vertraut
mit deiner Körperhaut.
Sie ist fürwahr phantastisch,
ja, sagenhaft elastisch.
Sie schützt dich rundherum,
ist biegsam, macht sich krumm,
sie kühlt dich, wenn du schwitzt,
und fühlt, worauf du sitzt.
Verhornt macht sie dich hart,
sie ist ganz fein behaart,
sie atmet über Poren
und in ihr sind Sensoren,
die registrier'n ruck zuck
sofort direkten Druck.
Sie nimmt auch übers Haar
Kontakt, Berührung wahr,
und was dich sehr erbaut,
geht dir unter die Haut.
Du machst im Fall des Falles
mit deiner Haut fast alles:
Sie wird gecremt, geschönt,
mit Make-up leicht getönt,
gereinigt und geschrubbt,
mit Bade Öl entschuppt,
geglättet und rasiert,
gepierct und tätowiert.
Doch eins verträgt sie nicht:
zu viel vom Sonnenlicht.
Sie spiegelt ihre Not
sehr deutlich und wird rot.

So wird sie auch beim Lügen,
beim Leugnen und Betrügen –
sie schämt sich sichtbar dann
und zeigt das deutlich an.
Die Haut als Außenschild
ist gleichsam Spiegelbild
von dir als Mann, als Frau,
sie offenbart genau,
was dich zutiefst erregt,
im Inneren bewegt,
enthüllt der Außenwelt,
wie dir etwas gefällt.

Haare

Beim Haar verwandelt die Natur
sich ausdrucksvoll zur Hochkultur.
Da putzt sich jeder ungemein
und tut was für den äuß'ren Schein.
Am Outlook wird herumgefeilt,
die Haare werden fesch gestylt.
Sie sind gewellt, gestreift, getönt,
in Form gebracht, fixiert, geföhnt,
bezopft, mit Löckchen onduliert,
mit Gel getränkt, pomadisiert.
Sie sind zurechtgestutzt, gekürzt,
mit Duftstoff parfümiert, gewürzt.
Und wer im Haupthaar Blößen sichtet,
weil es sich reduziert und lichtet,
der nutzt Ersatz und putzt den Kopf
mit fremdem Haar vom andern Schopf.
So werden Haare zauberhaft
frisiert mit wahrer Leidenschaft
und aufgepeppt mit Phantasie,
mit Geist und Witz und mit Magie.
Und wem ein solcher Kopf gehört,
der weiß genau, dass er betört,
dass er die Blicke auf sich lenkt,
dass man ihm Aufmerksamkeit schenkt. –
So strahlt der Kopf mit voller Pracht,
doch wie ergeht's ihm in der Nacht?
Ein Ausweg hieße da wohl nur:
Kahlrasur!

vw

Augen

ma

Augen blicken, lachen, weinen,
können rätselhaft erscheinen,
schauen tief bis auf den Grund,
sind beredt so wie ein Mund.
Augen spiegeln Freude wider,
blicken manchmal ernst und bieder,
zeigen echtes Mitgefühl,
sind bisweilen hart und kühl
oder wie geputzt und blank,
feucht verklärt und sagen Dank.
Augen können fokussieren,
sind berechnend und taxieren,
drücken aus, dass man versteht,
werden düster, wenn nichts geht,
oder schmal bei grellem Licht,
weiten sich bei trüber Sicht.
Augen lügen und betrügen,
mahnen, strafen oder rügen,
insistieren, fordern, bohren,
wirken leer und wie verloren…
Augen sind so wunderbar –
und zum Glück hat man ein Paar.
Doch der Mensch drückt ab und zu
eins von beiden auch mal zu.

21

vw

Nase

Die Nase ist gesichtszentral
und für das Riechen optimal.
Sie steht im Wind und prüft die Lüfte,
sie wittert noch die feinsten Düfte
und ist in Wuchs und ganzer Form
phänomenal, kurzum: enorm.
Mal ist sie klobig, riesengroß,
mal ist sie platt, konturenlos,
mal ist sie niedlich, süß und zierlich,
mal ganz abnorm und unnatürlich.
Die Nasenform verleiht subtil
ein ganz spezifisches Profil.
Sie ist ein Teil des Gesichts,
und ohne Nase wär' man nichts!
Und weil die Nase so viel nutzt,
ist sie auch fein herausgeputzt:
Sie ist geschminkt, gecremt, rasiert,
mit Puder fein betupft, mattiert
und wirkt erregend, interessant
mit Piercing und mit Diamant.
Drum ist die Nase als Kanal
bedeutsam, multifunktional
und sticht hervor aus dem Gesicht
als kühner Zacken: Mehr geht nicht!

ma

Ohren

Das Ohr hat eine eigne Form,
und dafür gibt es keine Norm:
Mal ist es lappig vorgestreckt,
mal winzig klein und wie versteckt,
mal gut geformt und elegant,
mal plüschig, Segelohr genannt,
bisweilen fesch, kokett verziert,
durch Ohrring, Piercing stilisiert.
Wie es auch aussieht, einerlei,
der Mensch hat jedenfalls gleich zwei:
Eins links, eins rechts, als Ohrenpaar,
und das ist wirklich wunderbar.
Erst das macht möglich, dass er dann
exakt und räumlich hören kann,
Geräusche gut lokalisiert
und seinen Kopf dorthin justiert.
Das Ohr ist innen kompliziert,
hochgradig wirksam konstruiert,
mit Hammer, Amboss, steig-gebügelt
ist jedes Ohr sehr ausgeklügelt:
Es ist gigantisch, kolossal
und eindrucksvoll: phänomenal!
Das Ohr erfasst vor allen Dingen,
wenn Menschen sprechen oder singen.
Da hört er alles unzensiert
und was ihn fesselt, fasziniert.
Mitunter auch mal an der Wand!
Man hört da schließlich allerhand,
verschafft sich, heimlich sozusagen,
ein Bild von allen Lebenslagen.

Drum sind die Ohren auch bekannt
als Lauscher, sind als Informant
zentral für die Gerüchteküche,
Empfänger für abnorme Flüche
und hören noch im fernen Sachsen –
spitz nur die Ohren! – Gräser wachsen!

vw

Mund

Der Mund ist in der Form passabel
und funktionell sehr variabel.
Zum einen ist er Essorgan
mit Schneide-, Eck- und Backenzahn,
zerkleinert Speisen mit Behagen
als Vorbereitung für den Magen.
Zum andren spricht man mit dem Mund,
formt Worte mit ihm, gibt sie kund
und lässt die Stimme so ertönen
als Mittel, um mit ihr zu klönen.
Der Mund ist ohne feste Norm
von Mensch zu Mensch von eigner Form:
Schmallippig mal, verschlossen, hart,
mal breit und üppig, mal apart;
die Mundwinkel mal optimistisch,
mal eher hängend, pessimistisch.
Der Mensch braucht ihn auf jeden Fall
beständig, braucht ihn überall.
Drum ist der Mensch auch nicht zu faul,
er schaut dem andren stets aufs Maul,
will wissen, was der andre denkt,
was ihn bewegt, was ihn bedrängt.
Man spricht mithin, kommuniziert,
man tauscht sich aus und diskutiert –
so ist der Mund als Sprechorgan
in der Natur der helle Wahn,
zumal er Laute produziert,
durch Sprechen Sprache generiert,
mit Explosiven, Gutturalen,
mit Zischlaut und mit Labialen.

In solcher Vielfalt kann das nur
der Mensch mit seiner Sprechkultur.
Noch eines ist so unermesslich
erregend und bleibt unvergesslich,
wenn sich zwei Münder zärtlich küssen –
wer wollte das im Leben missen!

vw

Gesicht

Das menschliche Gesicht speziell
ist äußerst individuell.
Und darum gibt's vom Konterfei
nur äußerst selten einmal zwei!
Gesichter zeigen sehr apart
die Vielfalt in der Menschenart:
Bei einem sind die Augen klein,
die Nase zierlich, niedlich fein,
der Mund ist schmollend modelliert,
die Haare fein zurecht toupiert.
Beim andren wirkt der Ausdruck matt,
die Nase ist profillos platt,
die Augen blicken leer und dumpf,
das Kinn ist flach geformt und stumpf.
Beim dritten sind die Augen grün,
der Mund wirkt willensstark und kühn,
die Proportionen sind genormt,
der ganze Kopf ist gut geformt.
Man sieht, Gesichter sind bizarr,
sie sind daneben wandelbar:
Mal zeigen sie sich nuanciert,
sind selbstbewusst und couragiert,
mal überheblich arrogant,
dann wieder fies und degoutant,
mal voller Mitleid, Mitgefühl,
bisweilen distanziert und kühl,
mal schäumt die menschliche Visage,
ist wütend und gerät in Rage,
mal zeigt das Antlitz stille Trauer,
fassadenhaft wie eine Mauer. –

Doch Pech für den, der sich blamiert,
weil der dann sein Gesicht verliert –
ein Fall, der jeden unbedingt
in eine heikle Lage bringt
und den er angestrengt vermeidet,
weil sonst sein Selbstbewusstsein leidet.

vw

Hände

Hände sind als Greiforgan
virtuos und filigran.
Mit zehn Fingern und als Paar
sind sie einfach wunderbar.
Hände fassen, nehmen, packen,
kneten, rühren, falten, backen,
graben, schaufeln, reißen, wühlen,
tasten, spüren oder fühlen,
halten, drücken, quetschen, pressen,
nehmen Maß beim Längenmessen,
wedeln, schwenken oder winken,
öffnen Türen, drücken Klinken,
präludieren am Klavier,
schreiben Wörter auf Papier,
malen, zeichnen, bau'n Skulpturen,
untersuchen feinste Spuren,
bilden Fäuste, kampfbereit,
oder pflegen, lindern Leid.
Hände helfen, sorgen, schützen,
wärmen, kühlen, können stützen,
sprechen wortlos nur durch Gesten,
geben Zeichen einem Nächsten,
falten still sich zum Gebet,
drücken Daumen, wenn nichts geht,
streicheln zärtlich über Rücken,
können Liebende entzücken:
Unersetzlich, so sind Hände –
Ende.

vw

Busen

Der Busen ist ganz generell
nur an der Frau und sehr speziell.
Er inspiriert den Mann enorm
durch seine runde, pralle Form
und ist als Sexualorgan
für Männer oft der reine Wahn!
Die Frau weiß das und kokettiert
mit ihrem Busen ungeniert
und zeigt ihn deshalb eh'r bedeckt,
hat ihn in Körbchen gut versteckt
und ihn dort sicher aufgehoben,
dem lustbetonten Blick entzogen.
Bisweilen, gut dosiert, partiell,
nutzt sie den Busen sexuell:
Ein raffinierter Schnitt am Kleid,
ein Dekolleté, sehr tief und weit,
verführt den Mann, als wär's ein Traum,
gibt seiner Phantasie viel Raum,
elektrisiert ihn, ist erotisch:
Der Anblick wirkt auf ihn hypnotisch
und lockt und zieht wohl jeden Mann
unwiderstehlich in den Bann. –
Erotik pur ist zweifelsohne
viel spannender als „oben ohne"!

vw

Der Po

Der Po, so rund geformt, ist richtig
als ein Gesäß für'n Menschen wichtig.
Sehr muskulös ist er und prall,
sitzkissenartig wie ein Ball.
Er schließt den Rumpf ab, führt zum Bein,
ist in der Form mal groß, mal klein,
kann durchtrainiert sein, stramm und hart,
mit Sexappeal lustvoll apart.
Er ist beim Gehen in Bewegung,
verdeutlicht seine Muskelregung
und wippt und wackelt deshalb mit
nach links und rechts bei jedem Schritt.
Der Po ist somit nicht nur schön,
sein Anblick ist auch erogen,
und mancher ist geneigt im Leben,
bringt ihn mit einem Klaps zum Beben!

vw

Beine

Zwei Beine hat der Mensch genau.
Das gilt für'n Mann wie für die Frau.
Er braucht sie nicht allein zum Stehen,
viel wichtiger für ihn: zum Gehen.
Denn sehr gelenkig durch das Knie,
sind sie für ihn die Garantie
dass er mobil ist, sich bewegt,
den Körper hierhin, dorthin trägt.
Die Beine sind mal staksig lang,
mal muskulös, mal gertenschlank.
Bizarr, entgegen jeder Norm
ist auch die X- und O-Bein-Form.
Die Vielfalt ist schier grenzenlos,
zumindest wenn die Beine bloß
und unverhüllt sich präsentieren,
am Strand zum Beispiel beim Flanieren.
Doch stecken Beine meistens lose
in einer fesch gestylten Hose.
Sie sind versteckt und unsichtbar
und für den Augensinn nicht da.
Drum ist der Mann auch schier entzückt,
elektrisiert, der Welt entrückt,
sieht er die Beine einer Frau –
was er dann denkt, sieht man genau!

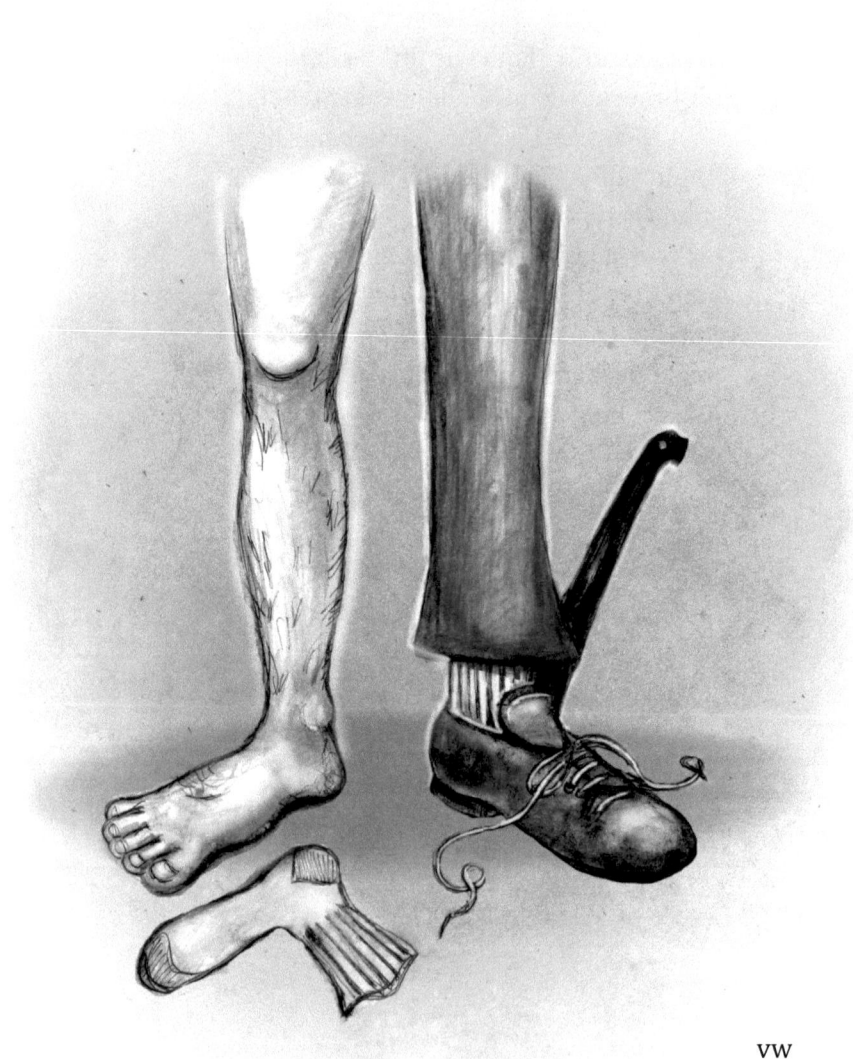

vw

Füße

Der Fuß besteht aus Sohle, Zehen
und dient dem Stehen oder Gehen.
Er gibt dem Menschen allezeit
Mobilität, Beweglichkeit
und rollt beim Gehen und beim Trab
vom Fersenbein zur Zehe ab.
Der Fuß ist meistens eingesackt,
in Söckchen passgerecht verpackt
und schmiegt sich ein mit seiner Fülle
in einen Schuh als Lederhülle.
Der schützt den Fuß, macht ihn intakt,
mal flach besohlt, mal hoch behackt.
So kann er sich in Menschenmassen
auf Straßen, Wegen sehen lassen.
Doch muss man wissen: Es passiert,
dass er beim Gehen transpiriert,
und schweißgebadet, still und stumm,
haut er – enthüllt – dann manchen um!

3 Sich fortpflanzen und entfalten

Bizarres Verhalten

Ganz frei heraus: Im Tierreich ist
das Sexuelle voller List.
Instinktgeleitet und getrieben
vom unstillbaren Drang zu lieben,
steht das Verhalten ganz apart
im Dienst und zum Erhalt der Art.
So lockt das Weib, verführt gar sehr,
es minimiert die Gegenwehr
durch Reize und zieht einen Mann
unweigerlich in seinen Bann.
Sogleich sind beide eng liiert,
durch kessen Flirt erotisiert.
Sie turteln lustvoll hin und her,
becircen sich dann immer mehr,
entschweben förmlich, sind entrückt,
verliebt, vernarrt, von sich entzückt. –
Doch ist die Liebe sehr geschwind
ergebnishaft: Es kommt ein Kind.
Nun klopft der Alltag an die Tür
und fordert konsequent Gebühr.
Die Pflichten rufen alle Tage!
„Die Liebe ist schon eine Plage",
denkt mancher plötzlich insgeheim,
und mancher Mann macht seinen Reim
darauf, wird grüblerisch und findet
es besser, wenn er still verschwindet.
Das ist gemein, doch es erklärt,
warum die Spinne so verfährt,

die schwarze Witwe, die kompakt
den Mann verschlingt gleich nach dem Akt.

ma

Der süße Fratz

Welch ein Wunder ist im Leben
die Geburt: Ein Kind ist da!
Größtes Glück, das können geben
Babys einem jeden Paar.

Eltern sind zutiefst begeistert,
staunen über'n süßen Fratz.
Und wenn die Geburt gemeistert,
sagen sie nur: Welch ein Schatz!

Sie umhegen ihn und schmusen,
legen ihn auf ihren Bauch,
drücken ihn an ihren Busen,
spüren seinen Atemhauch.

Ach, wie niedlich ist sein Näschen,
sind die Finger winzig klein!
Zärtlich nennen sie ihn „Häschen",
denn er ist ihr Sonnenschein.

Fortan können sie nur denken
und nur handeln für ihr Kind,
Liebe wollen sie ihm schenken,
dass sie alle glücklich sind.

Die Geburt des Kindes bindet
Eltern fest ein Leben lang,
auf Verlässlichkeit gegründet,
glückt das Leben – Gott sei Dank!

hjw

Jugend

Jede Jugend schafft sich Räume
für die eignen Lebensträume,
und die Jugendzeit beginnt,
wenn man sich auf sich besinnt.
Dabei ist ihr Ziel sehr klar:
Mach dich unverwechselbar!
Anfangs will man sich beweisen
in den ersten Jugendkreisen,
sucht dort Anschluss, lässt sich blicken
bei den altersgleichen Cliquen,
unterliegt dann zweifelsohne
ganz dem Einfluss der Hormone.
Pubertäre provozieren,
wollen sich so profilieren,
und die Haltung, sich zu weigern,
kann dann ihren Selbstwert steigern.
Auch das Ausseh'n ist nun richtig
existenzbegründend wichtig:
‚Chic' zu sein, das zählt sehr viel,
ist für manchen höchstes Ziel.
Andere sind angetan
von dem Body-Buildings-Wahn
oder mögen sich vergnügen
auf den Feten, die sie lieben.
Viele feiern lang und länger,
werden wahre Partygänger,
machen so die Nacht zum Tage –
Ausdruck ihrer Lebenslage.
Sehr beliebt ist auch der Chat
permanent im Internet.

Lustbetont und anonym
suchen Surfer ungestüm
nach Kontakten ohne Ende,
dass man einen Partner fände,
recherchiert gezielt nach Köpfen
immer neu, bis zum Erschöpfen.
So in etwa könnt' es sein,
gilt bestimmt nicht allgemein,
ist nur ausschnitthaft. Doch heute
stimmt's für viele junge Leute.

vw

Das Ich

Ein jeder Mensch ist äußerlich
in seiner Physis körperlich,
und zwischen Bauch und Kopf und Kehle
sitzt irgendwo die kleine Seele.

Doch ganz genau weiß man das nicht,
denn innerlich gibt es kein Licht.
Und deshalb ist so eigentlich
nicht völlig klar der Sitz vom Ich.

Das Ich tritt jedenfalls hervor,
quillt sprachlich aus dem Geist empor
und führt im Menschen irgendwie
meist vordergründig die Regie.

Doch ist das Ich nicht unumstritten.
Es gibt da einen Zweiten, Dritten –
zwei Gegenkräfte eigentlich
mit Namen ‚Es' und ‚Über-Ich'.

Die Drei sind ein Konsortium,
fungieren wie ein Gremium
und liegen manchmal voller Lust
im Clinch, und das meist unbewusst.

Sind die Konflikte allzu heftig,
nie endend, destruktiv und deftig,
entgeht das Ich der Paralyse
nur durch die Psychoanalyse.

Wenn diese glückt, dann immerhin
gewinnt das Leben wieder Sinn –
mit neuer Ordnung innerlich
und einem neu gestärkten Ich!   vw

Wir-Gefühl

Der Mensch sagt zu sich selber ‚ich',
grenzt sich vom ‚Du' ab innerlich.
Er ist nicht teilbar und darum
ist er ein Individuum.

Als Wesen lebt er vor sich hin,
gibt sich und seinem Leben Sinn
und braucht dafür und braucht dazu
ein andres Ich, sagt zu ihm ‚du'.

Seh'n Ich und Du sich nun verklärt,
weil beiden Liebe widerfährt,
dann fügen sich so wunderbar
das Ich und Du zu einem Paar.

Grammatikalisch bildet sich
das Wir dann aus dem Du und Ich.
Vom Glück erfüllt sind sie alsdann
im festen Bund als Frau und Mann.

Und wenn das Glück vollkommen ist –
nach Ablauf der 9-Monats-Frist –
dann sind die Zwei erst drei, dann vier,
doch sagen sie noch immer ‚wir'.

Das Wir erweitert sich mithin,
und viele Ichs sind mittendrin.
Sie gründen als soziales Ziel
das ausgeprägte Wir-Gefühl.

4 Seine Bedürfnisse befriedigen

Bedürfnisse

Bedürfnisse, sie sind im Leben
zentral, und jeder hat sie auch.
Sie sind dem Menschen mitgegeben
und melden sich, oft aus dem Bauch.

Der Hunger fordert stets nach Nahrung,
zum Trinken fordert auf der Durst,
und jeder Mensch weiß aus Erfahrung,
wie gut das Bier schmeckt und die Wurst.

Auch sucht der Mensch nach Schutz vor Regen,
dem Sturm und Hagel weicht er aus.
Geborgenheit braucht er dagegen,
sucht die Behaglichkeit im Haus.

Er möchte in die Ferne schweifen,
die Fremde lockt und zieht ihn an,
will wissensdurstig viel begreifen,
sich weiterbilden, wo er kann.

Doch auch der Schlaf ist Lebensquelle,
der Mensch braucht ihn wie's täglich Brot.
Fehlt er, wird er auf alle Fälle
erschöpft sein und in großer Not.

Bedürfnisse sind lustgebunden,
befriedigt – sagt man – werden sie.
Wer das nicht tut, kann nicht gesunden
und geht allmählich in die Knie.

hjw

Gaumenfreuden

Essen ist für Menschen ständig
lebenswichtig und notwendig,
ist für ihn in der Natur
Lebensfreude und Kultur,
Balsam in den trüben Stunden,
Höhepunkt bei Festtagsrunden. –
Leckeres Speisen und Dinieren
kann schon jeden faszinieren.
Ja, die Freude auf das Essen
macht selbst großes Pech vergessen.
Denn wie ist es herrlich schön,
in ein Restaurant zu geh'n,
sich bequem zurückzulehnen,
seinen Gaumen zu verwöhnen,
dort die Karte anzufordern,
sich ein dickes Steak zu ordern,
einen Wein vorweg zu trinken
und im Sessel zu versinken....
Und im Handumdreh'n kommt schon
eine hübsche Fleischportion,
äußerst lecker hergerichtet,
mit Gedünstetem beschichtet.
Deshalb sagt man sich getrost
erst mal munter-kräftig „Prost!"
Der Gourmet, so aufgeweckt,
erkennt sofort: Das Essen schmeckt!

hjw

Gute Nacht

Der Schlaf ist ein erfrischender Geselle,
er kommt unmerklich, naht ganz sacht,
vitalisiert dich neu für alle Fälle
und braucht dazu die ganze Nacht.

Er ist dein Freund, beschützt und stärkt dein Leben,
liebkost dich sanft, er hüllt dich ein.
Und tankt dich auf und kann dir Kräfte geben:
Er sorgt für dich, will Partner sein.

Bisweilen schickt er dir auch bunte Bilder,
bizarr verzerrt als kurzen Traum.
Er stimmt damit die Seele wirksam milder,
entspannt sie und gibt dafür Raum.

Der Schlaf ist stark und lässt sich nicht verdrängen,
und notfalls redet er Fraktur.
Wenn du ihn ignorierst, lässt er dich hängen:
Du wirst ein Opfer der Natur.

Doch droht er nicht und zeigt dir keine Krallen!
Er übermannt dich sehr geschickt,
lässt deine Augenlider bleiern fallen –
und du? Du bist schon eingenickt.

ma

Ruhestörung

Die Fliege fliegt sensationell
dynamisch wie ein Blitz, so schnell:
Sie brummt mit Turbo um die Wette,
schlägt virtuos die Pirouette
und stört vor allem und zumal
den Menschen nach dem Mittagsmahl,
wenn dieser sich nach Ruhe sehnt,
bequem sich in den Sessel lehnt,
die Augen schließen will für'n Schlummer –
oh, wie verflixt, es stört der Brummer!
Und wie man's dreh'n und wenden mag,
man wird hellwach mit einem Schlag;
man stülpt das Kissen übers Ohr,
doch nützt dies kaum. Es steigt empor
die Wut. Schon sitzt man wie gespannt,
verfolgt den Fliegenflug gebannt,
verdreht den Kopf, die Augen weit,
steht schon geduckt, zum Sprung bereit.
Kaum sitzt der Brummer, springt im Nu
man wild heran und schlägt fest zu...
Doch wie man's macht, die Fliege ist
gewappnet gegen Menschenlist,
katapultiert sich auf die Schnelle,
schon ist sie fort von dieser Stelle
und fliegt raketengleich dahin –
beim Menschen bebt vor Wut das Kinn.
Doch hilft ein Mittel, sie zu patschen:
Kauf dir beizeiten Fliegenklatschen!

Schnäppchenjagd

Schlussverkauf, Artikel locken
Schnäppchenjagd am Grabbeltisch!
Die Gelegenheit zum Zocken:
Jeder sucht den dicksten Fisch.

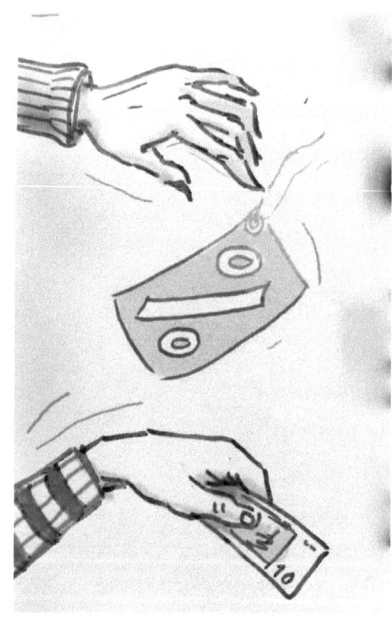

Keine Frage: Die Strategen
setzen sich ein klares Ziel:
Schnell zu handeln ist von Segen,
man greift zu und kauft sich viel!

Jeder schielt nach den Rabatten:
Wo gibt's Riesenpreisnachlass?
Wo gibt's Hemden, gibt's
Krawatten
oder Schlüpfer gleich ,en masse'?

Hände fummeln durch die Waren,
greifen rein ins große Glück.
Taktisch ist das Kaufgebaren:
Jeder hat den Preis im Blick.

Oh, wie billig, oh, welch Wunder!
So regiert der Markt mit List.
Wie berauscht kauft man sich Plunder,
manchmal auch den letzten Mist.

Nasenringe, Hosenträger
kosten nahezu nichts mehr,
und ein Dutzend Bettvorleger
ist fast gratis, bitte sehr.

Auch das Portemonnaie sitzt locker,
bar zu zahlen ist Usance.
Wild entschlossen kauft der Zocker,
sieht den Kauf als Lebenschance.

Prall gefüllt sind seine Taschen
nach der Preis-Rabatten-Schlacht.
Und zum Schluss noch was zum Naschen –
ja, das wär's dann: Gute Nacht!

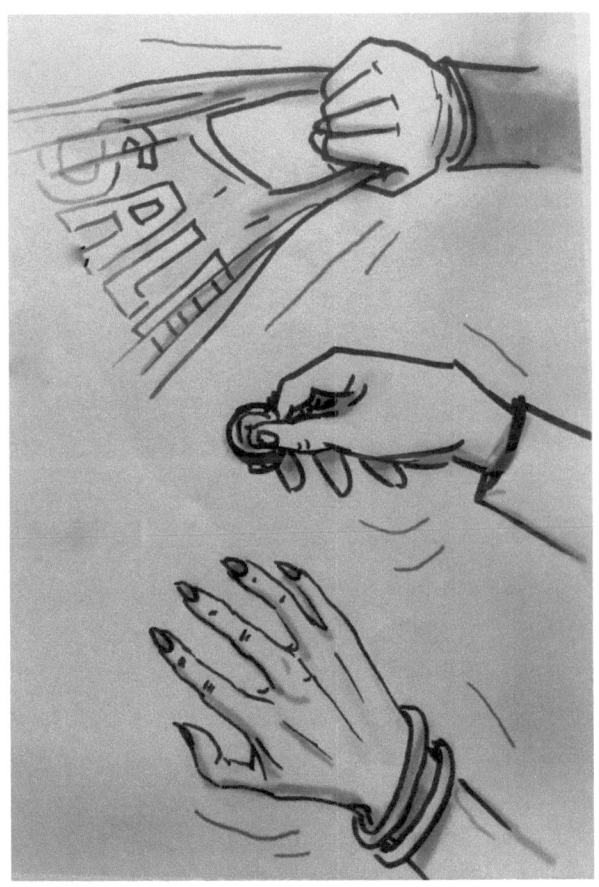

ma

59

hjw

Der Konsument

Was braucht der Mensch im Leben alles?
Er kauft sich das, was er so liebt,
und konsumiert im Fall des Falles
ergänzend das, was es noch gibt.

So lässt er sich vom Kaufrausch leiten
und kann dem Wunsch nicht widersteh'n,
sich für die eigenen Eitelkeiten
viele Artikel zu ersteh'n.

Die Jagd nach Schnäppchen, nach Trophäen,
nach Raritäten dieser Welt
bestimmt im Alltag das Geschehen:
Man kauft sich alles, was gefällt.

Die Argumente für das Kaufen
sind logisch und bestechen auch,
denn schließlich muss die Wirtschaft laufen,
und gut genährt sein will der Bauch.

Da wächst der Markt, Investitionen
erfolgen laufend, kurbeln an.
Die Wirtschaft boomt, und mit Aktionen
geht auch die Konjunktur voran.

Das ist ein Kreislauf ohnegleichen
und mittendrin der Konsument,
der glücklich ist, wenn ihn erreichen
Produkte, die er noch nicht kennt.

Doch was geschieht, was wird passieren,
wenn er als Mensch schon alles hat?
Für was wird er sich interessieren?
Wie findet dann sein Leben statt?

Bücher, die der Mensch so liebt -
gut, dass es sie gibt!

vw

5 Sich die Welt erschließen und bilden

Die Bedeutung des Buchs

Die Frage – Segen oder Fluch? –
stellt sich wohl nicht bei einem Buch.
Denn Bücher sind Kulturgenuss,
für jeden wachen Geist ein Muss.
Sie inspirieren, regen an,
zieh'n Leser schnell in ihren Bann
mit Wort und Bild und den Berichten,
den Abenteuern, den Geschichten,
mal detektivisch, krimihaft,
auch als Roman voll Leidenschaft,
mal Fantasy, mal Science Fiction,
mal spannungsreich mit sehr viel Action,
mal ordinär, vulgär, obszön,
mal anspruchsvoll, ästhetisch-schön.
Das Buch hat seine Leserschaft,
weil Lesen Lesern Freude schafft.
Es bildet, weitet sehr gekonnt
beim Einzelnen den Horizont,
erklärt, verdeutlicht und berichtet,
zeigt Hintergründe neu belichtet,
spielt kunstvoll mit der Phantasie
im Drama, in der Poesie
und ist gewiss für alle Fälle
bedeutsam als Erkenntnisquelle.
Der Mensch gewinnt somit beim Lesen
vertieften Einblick in sein Wesen,
denn ohne Buch wär' er kurzum
ziemlich dumm!

vw

Fernsehen

Fernseh'n ist in unsrer Zeit
Standard, Teil der Wirklichkeit,
ist gewiss für alle Fälle
notwendig als Info-Quelle.
Daher weiß man jederzeit
übers Leben gut Bescheid.
Aktuelles gibt's sofort
exklusiv in Bild und Wort
und erscheint, dramatisch immer,
über'n Monitor im Zimmer.
Auch das Fernseh'n ungelogen
ist vor allem marktbezogen:
Einschaltquoten und dergleichen
sind ein relevantes Zeichen
für die Manager, Verwalter
oder die Programmgestalter.
Und sie müh'n sich gar nicht dumm
um das breite Publikum.
Insbesondere private
Sender zeigen die Formate,
die den Menschen rütteln, schocken
und mit Sensationen locken.
RTL, Sat 1, Pro 7,
Werbegeld gestützt betrieben,
haben im Programm geboten:
,Crime and Sex' mit vielen Zoten,
Doku-Soaps, daneben die
Shows aus der ,Reality'
und Big Brother für'n Voyeur
als den Surrogat-Monteur,
leichte Kost, meist inhaltsleer,

für gewöhnlich sehr vulgär.
Zwischendurch für'n Underdog
gibt es noch den Werbeblock.
Ja, das Ende hier vom Lied,
wenn man's ganz genau besieht:
Fernseh'n ist ein Zeitvernichter –
und: viel Stoff für einen Dichter!
Doch PS: Für alle Smarte
gibt es etwas – nämlich ARTE!

6   Geld verdienen und vom ihm träumen

Ohne Moos nix los!

Arbeit hat in einem Leben
jeder für sich anzustreben.
Sie ist schlicht fundamental,
und der Mensch hat keine Wahl,
allenfalls was er so macht,
hat er still für sich bedacht.
Denn zum Leben braucht er Geld
unbestreitbar in der Welt.
Jeder will ja so beizeiten
seinen Unterhalt bestreiten,
sich besorgen, was er braucht,
dass der Ofen richtig raucht,
dass er warm, gemütlich wohnt,
sich mit Gütern reich belohnt.
Mancher mag sich auch entzücken
und mit Kleidung modisch schmücken,
und wenn's gut kommt: Reisen buchen,
fort von hier, das Glück zu suchen....
Geld ermöglicht alles dies,
öffnet Tür'n zum Paradies,
ist ein Lebenswegbereiter,
zahlungskräftiger Begleiter:
Geld braucht man für's täglich Brot,
Geld zu geben lindert Not,
Geld erregt die Phantasie,
schnöder Mammon als Magie,
und so dreht sich in der Welt
Vieles nur ums liebe Geld!
Doch wie man's auch drehen mag:

Man braucht Geld halt jeden Tag,
denn zum Zahlen reicht noch nicht
nur das Lächeln im Gesicht.

vw

Wenn ich einmal reich wär....

Wenn ich einmal reich wär,
träume ich so gern,
nichts bedrängte mich mehr,
nichts würd' mich beschwer'n.

Alles Glück auf Erden
wär in meiner Hand,
nichts würd' mich gefährden
mehr in diesem Land.

Könnt mir alles leisten,
was das Herz begehrt,
sich ersehnt am meisten –
nichts wär' mir verwehrt.

Satt wär' ich hienieden,
frei von Angst und Not,
wär' mit mir im Frieden,
hätt' mein täglich Brot.

Könnte Reisen buchen
um die weite Welt,
Glück im Fernen suchen,
denn ich hätt' ja Geld.

Träumen mag ich gerne,
sehnsuchtsvoll, famos.
Und Gedankenschwärme
sind ja kostenlos....

hjw

7   Feiern und tanzen

Festtagslaunen

Ein Altstadtfest – die Menschen kommen
von nah und fern, sie reisen an.
Denn so was ist, genau genommen,
ein großes Fest für jedermann.

Hier kann man sich mal treiben lassen,
Getränke gibt es überall.
Man schwimmt im Strom der Menschenmassen,
erregt, als wär's ein Festtagsball.

Da lebt die Seele auf, Vergnügen
kommt dabei auf und macht sich breit.
Man trinkt gern Bier aus vollen Krügen
und unterhält sich viel die ganze Zeit.

So sieht man Menschen, und sie bringen
den Frohsinn mit und Heiterkeit.
Und wer es mag, fängt an zu singen:
Die Seele lacht, das Herz ist weit!

Im Walzertakt

Langsamer Walzer, du bringst mich in Schwung,
wenn ich dich tanze, dann fühl ich mich jung,
dreh mich mit dir, und ich dreh mich herum,
halt ich den Takt nicht, nimmst du es mir krumm.

Langsamer Walzer, du liegst mir im Blut,
wenn ich dich tanze, dann fühl ich mich gut,
dreh mich nach rechts und auch anders herum,
merk mir die Schritte, ich bin ja nicht dumm.

Langsamer Walzer, ich schwelge mit dir,
wenn ich dich tanze, dann lacht es in mir,
leichtfüßig schwebe ich übers Parkett,
dein Rhythmus führt mich und füllt mich komplett.

Langsamer Walzer, ich walz mit dir hin,
spür deinen Rhythmus, du liegst mir im Sinn,
dich tanz ich gerne von morgens bis spät
und auch im Bett noch...., sofern das denn geht.

Paso Doble

Appell, Attacke, seitwärts ran –
das ist der Tanz für'n echten Mann!
Der Paso Doble ist sein Name,
er ist kein Tanz für Rhythmus-Lahme,
er ist dynamisch, exaltiert,
vom Stierkampfleben inspiriert.
Der Mann tritt auf als Matador,

mit stolzem Blick schaut er empor,
ein kühner, starker Caballero
und kampferprobt als ein Torero:
Appell, Attacke, Schritt um Schritt –
die Partnerin schwingt wedelnd mit,
sie wirbeln beide mit Elan,
mit Temperament und wie im Wahn.
Ein Tanz für Männer, nicht Eunuchen!
Die würden hier das Weite suchen.
Appell und Schritt – nach vielen Tritten
hat dann der Tanzfuß doch gelitten.

Tango olé

Der Tango ist Erotik pur,
kurzum: für'n Eros eine Kur.
Da tanzen Paare eng umschlungen,
vom Rhythmus der Musik durchdrungen,
mit fiebrig heißer Schlangenwindung
bei Hautkontakt und Körperbindung.
Sie tanzen inspiriert geleitet,
als wenn der Teufel sie gar reitet,
mit Schwung und Zack, mit viel Elan
und akrobatisch wie im Wahn.

Die Paare wirbeln wild kokett
effektvoll übers Tanzparkett,
umschlingen sich, galant, mit Charme,
eng Bein an Bein, es zuckt der Arm,
bewegen sich, wie Flammen züngeln,
als wenn die Körper sich umzingeln,
versprühen feurig Eleganz,
die Funken stieben auf beim Tanz,

und federnd folgt ein letzter Dreh
mit Spreizung und Spagat: Olé!

ma

8   Die Sprache benutzen

Worte

Worte sind Produkt des Geistes,
Träger der Gedanken, heißt es,
denn der Mensch will etwas sagen,
deklamieren oder klagen,
denkt und formt sich dann die Worte,
wie erzeugt aus der Retorte,
und tut diese lauthals kund,
ausgesprochen durch den Mund.
Worte haben Einfluss, Macht,
haben Witz, so dass man lacht,
können auch zu Tränen rühren
oder Menschen gar verführen.
Worte prägen, Worte leiten,
können sich sehr schnell verbreiten,
sind bisweilen schlicht, naiv
oder kritisch-konstruktiv,
wirken höhnisch despektierlich
oder herzergreifend, ehrlich.
Worte können schier entzücken,
können quälen und bedrücken,
falsch sind sie mal oder wahr,
mal verwirrend, mal glasklar,
sind Vehikel zum Verstehen
und durchdringen das Geschehen.
Komprimiert durch den Begriff,
geben sie dem Geist den Schliff,
und wenn dieser richtig funkt,
bringt ein Wort es auf den Punkt.
Worte sind dann pointiert,

von Erkenntnis inspiriert.
Worte überwinden Mauern,
zählen zu Kulturerbauern.
Schlagwortartig, wie gestochen,
prägen sie Geschichtsepochen,
leitmotivisch plakatiert,
an Erkenntnis orientiert.
Zauberhaft wie die Magie
wirken Worte, drum sind sie
ausgesprochen genial
und für'n Menschen ideal!

vw

Die Sprache

Die Sprache ist ein Fluidum
und spukt im Menschenhirn herum
mit Wort, Begriff, Gedankenfetzen
und manchmal auch mit ganzen Sätzen.

Sie ist Vehikel, Instrument,
dient dem Verstehen permanent
und hat besondere Funktion
bei jeder Kommunikation.

Denn ohne Sprache wär man stumm
und ziemlich ausdrucksarm darum.
Und kein Gedanke könnte reifen,
man könnte nicht die Welt begreifen.

So ist die Sprache wirklich nützlich,
für jeden Menschen unersetzlich,
und wo man steht und wo man geht,
ist Sprache wie ein Interpret.

Sie hilft mithin zu überlegen,
argumentiert dafür, dagegen
und destilliert dabei exakt
im Kopf den geistigen Extrakt.

Die Sprache schafft die Wirklichkeit,
ist Konstrukteur im Strom der Zeit,
und in der Form als Medium
ist sie schlechthin das Optimum.

Machtwort

Worte machen,
Worte wirken,
Worte machen Sinn.
Worte wirken einleuchtend,
Worte machen Macht,
Wirkmacht –
Wortmacht
hat ein Wort,
macht ein Wort
zum
Machtwort!

Schwein gehabt!

Die Sprache ist an Bildern reich.
Sie nutzt auch gerne den Vergleich.
Der Ausdruck wirkt dann derb und drastisch,
sehr einprägsam und äußerst plastisch,
nicht selten scharf und provokant,
mitunter auch ganz amüsant.
Man nennt ein Tier mit Attribut –
das würzt die Sprache richtig gut!
Denn mancher wandelt sich im Nu,
kaum dass man sagt: „Du dumme Kuh!"
„Du alter Esel" wirkt kaum besser,
wer's hört, der wetzt sogleich das Messer.
„Du falsche Schlange!", „krummer Hund!",
das alles klingt nicht sehr gesund.
Genauso ist der Ton sehr rau,
wenn man posaunt: „Du alte Sau!"

Wer einsam ist, total allein,
der ist nun mal ein „armes Schwein".
Nur wenn's so kommt, dass alles klappt,
dann hat man eines: „Schwein gehabt!"

Kommt Zeit, kommt Rat!

Das Sprichwort ist prägnant als Satz,
wirkt formelhaft und ist ein Schatz.
Es ist dem Geiste abgerungen,
der Lebensweisheit wohl entsprungen
und sprachlich äußerst zugespitzt,
sodass es im Gedächtnis sitzt.
Und auch die Kurzform garantiert,
dass man es leichter memoriert.
So nützt es schon beim Streit, beim Krach,
weiß man: „Der Klügere gibt nach."
Und ist man blöd, ein Dummkopf schlicht,
hilft: „Alter schützt vor Torheit nicht".
Verliebte spüren mit dem Munde:
„Dem Glücklichen schlägt keine Stunde."
Auch gilt für jeden Lebenslauf:
„Beim Gelde hört die Freundschaft auf."
So hilft das Sprichwort geradezu,
ist nützlich wie ein Wanderschuh.
Doch hat man eins mal nicht parat,
sei nicht verzagt: „Kommt Zeit, kommt Rat!"

hiw

9 Sich selbst betrachten und über sich nachdenken

Meditation

Heut entspann ich, bleib zu Hause,
mache eine lange Pause,
und der Vorsatz ist, zu ruh'n,
zu relaxen, nichts zu tun.
Was auch kommt, ich lehn' es ab.
Heute bringt mich nichts auf Trab,
heute soll die Seele baumeln,
soll mein Geist vergnüglich taumeln.
Heute ist mein Blick verklärt,
völlig frei und unbeschwert.
Alle Muskeln, alle Sehnen
können lustvoll sich mal dehnen.
Hingestreckt, so lieg ich da,
das Nirwana ist mir nah,
schwebe auf der Wolke sieben,
fühl mich leicht, so wie beim Fliegen,
nichts bedrängt mich, ich lass los
und genieß die Ruhe bloß.....
höre sanfte, zarte Klänge,
polyphone Chorgesänge....
Kerzenlicht erhellt den Raum,
spüre meinen Atem kaum...
und ich denke: Oh, wie schön,
so könnt's ewig weitergeh'n....

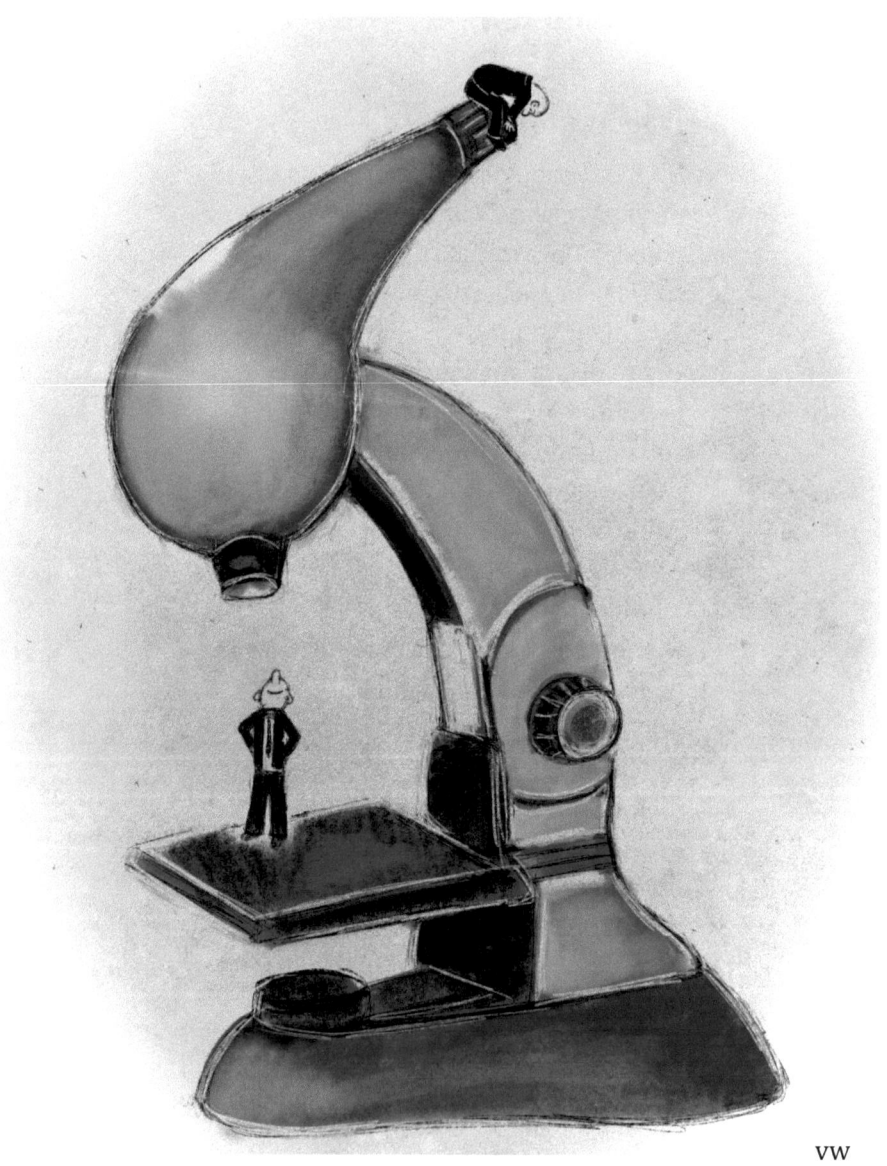

vw

Selbstbespiegelung

Der Mensch will wissen, wer er ist,
und nutzt dazu die Lebensfrist,
sein Wesen selbsterkenntnishaft
zu deuten mittels Geisteskraft.
So forscht er in sich, und akribisch
durchleuchtet er sich psychologisch,
punktiert sich wie mit einem Stich
und sucht im Inneren sein Ich.
Er spiegelt sich und kehrt darum
das Innere nach außen um,
befragt sein Handeln radikal
mit Blick auf Ethik und Moral,
bewertet sich mit Prädikat,
hält „gut" und „schlecht" für sich parat,
für Umgangston und Redeweisen,
die Art, wie die Gedanken kreisen –
das alles wiegt er hin und her,
erkennt sich selbst dann immer mehr.
Am Ende sagt er sicherlich
selbstanalytisch: Das bin ich!

Gedanken I

Gedanken ranken,
ganz ohne Planken,
züngeln wie Blitze voran,
schweben wie Schleier,
wie Vögel, freier:
Beflügelnd, so sind sie dann.

Suchend, sinnierend,
viel reflektierend,
kreisen sie in dir herum.
Noch kaum belichtet,
flüchtig gewichtet,
kaum greifbar sind sie darum.

Oft eigenwillig,
manchmal auch billig,
geistern sie wahllos umher,
bilden und formen
sich zu enormen
Gedanken, wild wie das Meer.

Wachsen beständig
weiter inwendig,
wirbeln herum wie der Wind,
bis sie geschliffen,
klar mit Begriffen,
gedanklich dann fertig sind.

Gedanken II

Neue Gedanken,
noch ohne Schranken,
spontan konstruiert,
diffus, unsortiert,
kommen aus Zonen
der Kopfregionen,
bisweilen auch
direkt aus dem Bauch.
Sie sind manchmal sehr
spektakulär,
auch philosophisch
oder utopisch,
bizarr eigenwillig,
verrückt oder schrullig.
Sie analysieren
und inspirieren,
erfüllen zumeist
den eigenen Geist,
mal genial,
manchmal banal,
mal überzeugend
auch wahrheitsbeugend
Sie können betören,
bisweilen auch stören,
strömen im Hirn hin und her
zumeist kreuz und quer.
Sie sind innerlich
die Stimme vom Ich...
und manchmal sehr gerissen
auch dein Gewissen.

vw

Gedankenspiele

Der Mensch hat einen Kopf mit Hirn,
das sitzt gleich hinter seiner Stirn
und ist mit seiner Nervenmasse
phänomenal und einfach klasse.

Das Hirn besteht aus zig Millionen
nervösen Zellen, den Neuronen.
Sie sind vernetzt und steh'n parat
als kognitiver Apparat.

Hier ist der Ort von Denkprozessen.
man kann sie auch als Ströme messen.
Und somit gilt das Hirn als Sitz
für Geistes- und Gedankenblitz.

Denn jedes Hirn ist in Bewegung,
in ständig geistiger Erregung.
Es löst Probleme tausendfach
und denkt voraus und denkt auch nach.

Hier ist der Ort für Phantasie,
für Träumerei und für Magie.
Und hier entstehen neue Ziele,
geboren durch Gedankenspiele.

Spieglein, Spieglein an der Wand...

hjw

Spiegelbild

Spieglein, Spieglein, reflektier mich,
sag mir, wie mein Ausseh'n ist!
Wirke ich korrekt, manierlich,
attraktiv und gut figürlich?
Sag die Wahrheit – ohne List!

Spieglein, Spieglein, korrigier' mich:
Ist mein Teint zu fahl und blass?
Bin ich plump, zu wenig zierlich,
zu geschminkt, zu kreatürlich –
ist mein Ausseh'n modisch-krass?

Ach, du Spieglein, sprich, erzähle,
sag die Wahrheit ins Gesicht!
Gib mir Antwort, bitte quäle
mir nicht länger meine Seele
und führ' mich nicht hinters Licht!

hjw

Sinnsuche

Wozu bestimmt ist dieses Leben?
Was ist der Sinn in meinem Sein?
so fragt der Mensch. Und all sein Streben
geht darin auf, den Schatz zu heben:
Erkenntnis, Wahrheit zähl'n allein.

Da geht er gern auf ferne Reisen,
besieht sich diese Welt ganz nah,
erfährt in kulturellen Kreisen
Besonderheiten, Lebensweisen,
bestaunt die Wunder hier und da.

Er liest auch Bücher, Exponate
des Geistes, der Philosophie.
Er grübelt, denkt und zieht Formate
von jeder Profession zurate,
beflügelt seine Phantasie.

Am Ende fängt er an zu wägen
und prüft für sich, was wirklich wiegt –
und kann sich dann die Antwort geben:
Es gilt, den Schatz in sich zu heben,
der in ihm wohl verborgen liegt.

Carpe diem

Wie flüchtig ist die Gegenwart:
Sie dauert nur Momente!
Und ohne dass sie je verharrt,
läuft sie, als wenn sie rennte.

Du willst sie greifen – doch schon ist
sie fort, hinweg, entschwunden.
Denn wie mit einer Hinterlist
hat sie sich dir entwunden.

Doch Lamentieren lohnt sich nicht,
auch nützt es nicht zu klagen,
nur eines hilft auf lange Sicht:
Nutz Zeit an allen Tagen!

Denn Zeit macht Sinn, wenn sie aktiv
genutzt wird fürs Gestalten.
Man braucht sie täglich intensiv
zum eigenen Entfalten.

10 Kommunizieren und andere zu verstehen versuchen

Moderne Kommunikation

Wie sich nur die Erde wandelt,
weil der Mensch beständig handelt,
nie zufrieden ist mit dem,
was erreicht ist. Zu bequem
wäre das. Drum forscht er weiter
als ein Fortschrittsvorbereiter,
wissensdurstig, intensiv,
kreativ, innovativ,
ändert immer wieder neu
Lebenswelten ohne Scheu.
Und als Zeugnis dieser Stärke
schafft er sich weltweit Netzwerke:
Die sind revolutionär
und erleichtern immer mehr,
dass man in Beziehung steht,
kommentiert, was vor sich geht,
sich auf Facebook präsentiert,
sich enthüllt ganz ungeniert
oder Instagram bedient,
Bilder dort ins Netzwerk beamt,
selbstverliebt ins Spiegelbild,
das man hochhält wie ein Schild!
Weil man so bedeutsam scheint,
gilt's zu sagen, was man meint,
gibt daher auch gar nicht schlapp
ständig Kommentare ab:
Ob als Erster, Zweiter, Dritter –
Hauptsache, man ist bei Twitter,
tönt hinein in diese Welt,
was man von ihr grade hält
so, als sei das lebenswichtig

und vor allem: völlig richtig.
Kurz und knapp ist das Format,
formelhaft daher der Rat,
die Gedankenfülle sehr
reduziert, rudimentär.
Bruchstückhaft, mit großer Wut
strömt so die Gedankenflut –
und man fragt, ob solch Erguss
täglich sich ereignen muss,
ob das Selbsterkenntnishafte
beitrug und die Lösung schaffte?
Das Geschreibsel aus dem Bauch
mehr ist als nur Schall und Rauch?
Kurz gefragt aus dieser Sicht:
Ist das Fortschritt oder nicht?!?

Zoobesuch

Der Affe ist, das ist bekannt,
der Menschenart sehr nah verwandt.
Er zählt zum Kreis der Hominiden
und ist vom Menschen kaum verschieden.
Die Forschung hat zudem belegt,
dass in uns sich der Affe regt.
Der steckt in uns fundamental
genetisch als Stammkapital.
Das ist der Grund, den Menschenaffen
sich mit Interesse zu begaffen.
Du tust das gern und sowieso
am liebsten gleich im nächsten Zoo.
Da strebst du hin, schaust in den Käfig
der Affen. – Schade, sie sind schläfrig.
Sie dösen, blinzeln in die Sonne
und lausen sich mit großer Wonne.
Doch einer knabbert so am Stock,
unmotiviert, hat keinen Bock.
Er räkelt sich, dreht sich herum,
schaut träge hin zum Publikum.....
und plötzlich ahnst du, was er denkt,
als er dir böse Blicke schenkt:
„Was schaust, willst du nur von mir,
du arrogantes Menschentier?
Was blickst du zu mir hin so schnöde,
impertinent, aufdringlich, blöde.
Troll dich hinfort und – mit Verlaub –
verzieh dich, mach dich aus dem Staub!"
So denkt er. Völlig ungeniert
erhebt er sich und uriniert

und zeigt sodann und bietet feil
sein nacktes, bloßes Hinterteil.

hjw

hjw

Besuchsgespräche

Ein Besuch löst Freude aus.
Man empfängt ihn gern im Haus,
in der Wohnung, wo auch immer,
setzt zum Klönen sich ins Zimmer,
fragt den andern, wie es geht,
wie's um die Gesundheit steht,
und erfährt die Neuigkeiten
aus den allerletzten Zeiten:
Ja, wo bist du denn gewesen?
Welches Buch hast du gelesen?
Wen hast du zuletzt getroffen?
Worauf musst und willst du hoffen?
All das hilft zum Bilanzieren,
um sein Weltbild zu justieren.
Und so führt man mit Passion
eine rege Diskussion
übers menschliche Sosein,
über Blendwerk, bloßen Schein,
über alles, was berührt,
wo man Unbehagen spürt.
Doch man wechselt irgendwann
dann das Thema. Endlich kann
man befreit und richtig lästern
über Brüder, über Schwestern,
über Typen, die sich brüsten
damit, dass sie alles wüssten,
die am Ausseh'n ständig feilen,
die sich putzen, die sich stylen,
angepasst dem Modetrend,
den man „cool" und „geil" nennt.
Endlich hat man Zeit zum Quasseln,

manchmal auch zum Säbelrasseln,
und bei der Gedankenflut
fühlt man sich dann richtig gut,
weiß sich haushoch überlegen
und kann so sein Image pflegen. –
Praktiziert im rechten Maß
bringt es eines: großen Spaß!

Kühlen Kopf bewahren

Ein kühler Kopf ist sehr viel wert,
weiß man aus der Erfahrung.
Der Geist ist frei, denkt unbeschwert,
versorgt mit Nerven-Nahrung.

So lotet man die Dinge aus,
wägt ab die Argumente
und zieht die rechten Schlüsse draus,
setzt richtige Akzente.

Das klappt nicht immer, wie man weiß,
und manche Diskussion
verläuft chaotisch und im Kreis,
ist nah der Explosion.

Da funkeln Augen, schwellen Adern –
die Redner sind in Rage.
Und alle streiten und salbadern
mit offener Visage.

Was hilft denn dann, fragt man sich nur,
wenn Köpfe so stark rauchen?
Mein Rat: Nimm kaltes Wasser pur,
nutz es zum Kopfeintauchen!

Jeder hat wohl schon erfahren:
Gut ist, **kühlen Kopf** zu wahren.
Nützlich ist das und hilft schon
im Gefecht der Diskussion!

hjw

11   In die nähere und fernere Zukunft blicken

Wetterprognosen

Wie wird das Wetter? Täglich stellen
sich Menschen diese Frage. Denn
das int'ressiert in allen Fällen,
beschäftigt unsre grauen Zellen:
Ja, jeder ist ein Wetterfan.

Gibt's Sonnenschein, gibt's Sturm, gibt's Regen?
will eben wissen jedermann,
und zwar der eignen Stimmung wegen
und mit dem Ziel zu überlegen,
was man am Tag so machen kann.

Prognosen, die dem Wetter gelten,
sind daher regelrecht begehrt.
Vor allem Menschen, die gern zelten,
sich wagen in alpine Welten,
sind wettertechnisch gern belehrt.

Doch Vorsicht, Vorsicht. Denn nicht immer
trifft die Prognose wirklich zu.
Bisweilen kommt es eben schlimmer –
wär' man geblieben nur im Zimmer,
dann hätte man noch trock'ne Schuh!

Wenn der Hahn kräht auf dem Mist,
ändert sich das Wetter, oder es bleibt, wie es ist!
(alte Bauernregel)

hjw

Horoskop

Mein Horoskop ist mein Prophet!
Das sagt mir, wie es mir ergeht.
Mein Schicksal kann ich mir erfragen
für alle meine Lebenslagen.
Es gibt mir Auskunft, gibt Bescheid,
verleiht mir damit Sicherheit.
Da kann ich ruhig, gelassen bleiben,
verträumt mir meine Augen reiben.
Denn wie die Sterne für mich stehen,
kann ich dann astrologisch sehen.
Das ist untrüglich, sternenklar,
denn jedes Horoskop ist wahr!
Drum weiß ich schnell auf einen Blick,
ob ich wohl Pech hab' oder Glück,
ob mir bevorsteht eine Krise,
ob ich Gewinn mach' oder Miese,
wie's um die Liebe für mich steht,
wie es beruflich weitergeht,
ob mich der Schlag trifft – werd' ich krank?
Das alles weiß ich, Gott sei Dank,
durchs Horoskop, dem klugen, smarten –
wer das nicht glaubt, der frag' die Karten!

Zwölf Sternzeichen gibt es, wer sie studiert,
weiß was passiert!

vw

Blick in die Zukunft

So manches Mal stell ich mir vor:
Wie wird das Leben werden?
Lebt man bald nur vorm Monitor
vereinsamt, still auf Erden?

Ist man beständig dann vernetzt,
vollständig elektronisch?
Beziehungsreduziert zuletzt –
wird dieser Zustand chronisch?

Verliert der Mensch an Menschlichkeit,
lebt nur auf sich bezogen,
selbstisoliert die ganze Zeit,
anfällig dann für Drogen?

Zieht er sich daher still zurück –
kann sich nicht überwinden –
zum Aufbruch, hin zum Lebensglück,
um sich stabil zu binden?

Wie werden Menschen künftig wohnen,
sind sie den Städten längst entfloh'n?
Und gibt's noch Arbeit für Millionen
und dafür den gerechten Lohn?

Wie steht er dann für Werte ein,
und welche überwiegen?
Sieht er nur Blendwerk, falschen Schein,
und wird er ihm erliegen?

Wie stillt er Hunger auf der Welt?
Denn jeder möchte essen!
Wie werden Felder wohl bestellt,
Fairtrade' nicht zu vergessen?

Wie sorgt er für die Energie?
Ist der Bedarf benennbar?
Gibt's Ökostrom mit Garantie
als Sonnenkraft erkennbar?

Noch hat der Mensch es in der Hand,
noch kann er selbst entscheiden.
Denn schließlich hat er den Verstand,
um Katastrophen zu vermeiden.

12   Sich partnerschaftlich binden

Lebensglück

Ein Mensch, der sich gefühlvoll zeigt,
zum anderen Geschlecht hinneigt,
der sich im andren wiederfindet
und lustvoll sich mit ihm verbindet,
der ist verliebt mit Haut und Haar,
genießt die Zeit als Liebespaar,
ist voneinander schier entzückt,
in sich vernarrt und tief beglückt
und schwebt dahin auf Wolke sieben:
Wie schön ist es, sich so zu lieben!

So festigen sie mit der Zeit
ihr Leben in der Zweisamkeit.
Gemeinsam machen sie nun alles,
sie steh'n sich bei im Fall des Falles,
sind zärtlich füreinander da,
so liebevoll sind sie sich nah,
sind voneinander fasziniert,
erleben sich euphorisiert
und ziehen sich als Frau und Mann
nun wechselseitig in den Bann.

Es läuft die Zeit und sie geht weiter,
zwei Menschen auf der Himmelsleiter,
die sich zutiefst des Lebens freuen,
nicht eine feste Bindung scheuen,
die täglich spüren, täglich merken,
wie sie sich gegenseitig stärken,
für sie dann, so zu zweit vereint,

der Trübsinn weicht, die Sonne scheint
und sie verrückte Sachen machen,
vor allem herzerfrischend lachen.

Und irgendwann ist es soweit,
denn alles braucht so seine Zeit,
dann sehen beide ganz genau
sich künftig fest als Mann und Frau.
Der Ehewunsch reift so heran,
wie man sofort begreifen kann,
und nichts und niemand soll sie trennen,
als festes Paar soll man sie kennen
und deshalb folgt nach gutem Brauch
alsbald die Hochzeitsfeier auch.

Das ist ein Fest, so unermesslich
beglückend, bleibt auch unvergesslich,
es brennt sich ins Gedächtnis ein,
der Trubel, Glanz, der Lichterschein,
die guten Wünsche, all der Segen,
die lieben Worte, die bewegen,
das alles ist für's junge Paar
ein ‚Highlight', einfach wunderbar,
ein Höhepunkt im ganzen Leben,
um ihn im Herzen aufzuheben.

So ging es Tine, ging es Jan,
die zwei sind nämlich Frau und Mann:
Sie wagten hin den Schritt zur Ehe,
verliebt vom Kopf bis hin zur Zehe.
Sie wollen durch das Leben gehen,
ganz fest auch zueinander stehen.
Nichts soll sie in die Irre führen,

sie wollen ihre Nähe spüren,
vertraut sein und sich Liebe schenken,
fürsorglich für den andren denken.

Die beiden sind erfüllt vom Wollen
und suchen für sich ihre Rollen.
Denn ist es erst einmal so weit,
lebt man tagtäglich nun zu zweit,
verändert sich schon kurz darauf
das Leben und der Lebenslauf.
Und darum schauen Jan und Tine
mit glücklich-zukunftsfroher Miene:
Sie wollen eng zusammenhalten
und so ihr Leben nun gestalten.

Doch leicht gesagt und leicht gedacht,
ist lange noch nicht leicht gemacht.
Denn auch das Leben nun zu zweit
will gut gelernt sein und braucht Zeit,
um ihre Partnerschaft zu krönen,
sich aneinander zu gewöhnen
und langsam ihre Ich's zu wandeln,
gemeinhin nun als Wir zu handeln:
Das alles ist fürwahr nicht leicht
und ohne Schwierigkeit erreicht.

Das müssen Jan und Tine sehen
und sich auch ehrlich eingestehen:
Zu einem Leben so zu zweit
gehört auch ein gewisser Streit,
die Diskussion, auch der Disput,
geführt in Fairness und mit Mut.
Denn jeder bleibt ganz generell

im Denken individuell,
und deshalb gibt es Eheszenen,
und manchmal fließen auch paar Tränen.

Denn ist die Ehe auch begehrt,
so ist sie doch kein Wunschkonzert.
Konflikte sind – ganz einerlei –
in Ehen nämlich auch dabei
und wirken gleichsam jedenfalls
wie in der Suppe etwas Salz.
Sie würzen, schaffen den Kontrast
und machen deutlich, was nicht passt
und wo Gesprächsbedarf besteht,
damit's gemeinsam weitergeht.

So bringen zwei, die sich bemühen,
die Ehe nach und nach zum Blühen.
Sie fordern sich und bauen auf
gemeinsam ihren Lebenslauf
und wachsen, reifen und gedeihen,
weil sie sich Selbstvertrau'n verleihen,
der ihnen innere Stärke schenkt,
den Blick auf Wesentliches lenkt,
und spüren so mit Sicherheit:
Das Lebensglück beginnt zu zweit!

13 Die Welt kennenlernen

Eile mit Weile

Menschen reisen allzu gerne
mit dem Auto in die Ferne.
Denn wer einen Flitzer hat,
liebt den Platz am Steuerrad,
lenkt das Fahrzeug mit Elan
hin zur nächsten Autobahn
und drückt dort aufs Gaspedal –
schonungslos und radikal.
Hei! Schon macht der Wagen flitz,
düst wie der geölte Blitz,
kommt auf Touren, fährt rasant,
fliegt buchstäblich übers Land:
Hin nach Prag, nach Budapest,
wo sich was erleben lässt,
hin nach Moskau, Kopenhagen,
nach alpinen Höhenlagen,
nach Italiens Apennin,
nach Athen, nach Rom, nach Wien....
Doch der Traum so mancher Fahrt
endet überraschend hart
schon beim nächsten Straßenbau –
kurz nach Soltau: nur noch Stau!

Eile mit Weile – ein lockerer Spruch?
Oder vielleicht nur ein zynischer Fluch?
Wie dem auch sei: Mancher Mensch hält viel
von der Parole: Der Weg ist das Ziel!

ma

Wiederkehr

Reisen ist heut ungefährlich,
überhaupt nicht mehr beschwerlich.
Reisen reizt, die Ferne lockt,
denn wer in der Stube hockt,
stets auf ‚Stand-by-Modus' lebt,
auf der eignen Scholle klebt,
fährt im Leben leider nur
reduziert auf schmaler Spur.
Deshalb freu'n sich breite Massen,
Menschen aller Bildungsklassen
auf das Reisen. Und schon sind
Alte, Junge, wie der Wind
fort in Nah- und Fernbereiche,
ganz egal, ob Arme, Reiche:
Reisen ist Vergnügen, Lust,
bestes Mittel gegen Frust.
Offen sein und sich erfreuen
an bizarr okkultem Neuen,
Zeichen der Geschichte sehen,
längst Vergangenes verstehen
oder die Natur erkunden,
diese Welt im Flug umrunden,
Leben seh'n in fremden Ländern,
in den Zentren, an den Rändern,
Leben spüren, wie's pulsiert,
sich vital neu generiert,
sich behauptet Jahr für Jahr
oder wandelt sonderbar. –
Reisen öffnet sehr gekonnt
einen weiten Horizont,

überwindet enge Sichten,
kann den Menschen neu belichten!
Doch am Ende freut sich meist
jeder Mensch, der weit gereist
und in fremden Ländern war,
aufs Zuhause offenbar.
Denn zur Heimat ungelogen
fühlt sich jeder hingezogen.
Alles ist ihm hier vertraut,
ganz egal, wohin er schaut!

ma

117

hjw

Reisen

Wie bereichernd ist das Reisen
durch die große, weite Welt,
um verschied'ne Lebensweisen
in den kulturellen Kreisen
zu erkunden – das gefällt!

Anspruchsvolle Ambitionen
setzt man dann beim Reisen um,
fährt in lebensferne Zonen,
wählt sich Ziele, die sich lohnen –
‚all inclusive' drum herum.

Fern reist man in alle Breiten
als Tourist zu jeder Zeit,
lässt sich gern von Führern leiten,
die die Touren vorbereiten,
und studiert die Wirklichkeit.

Bali, Rio, die Lofoten,
Dubai, Tibet und Shanghai,
Highlights in den Angeboten,
denn es gilt: Nichts ist verboten –
wähle aus: Du bist dabei!

Letzter Schrei sind Telereisen
hin zum Nachbarstern, dem Mond.
Doch man fragt sich: Welchen Kreisen
ist so etwas anzupreisen –
ob der Flug sich wirklich lohnt?

14 Sich erholen und entspannen

Urlaub

Selig ist der Mensch zumeist,
wenn er in die Ferne reist,
wenn er richtig Urlaub macht
und die Sonne dabei lacht,
wenn er sich von allen Pflichten,
Tagesnöten, Arbeitsschichten
löst und seiner Freizeit frönt,
sie mit Wellness-Urlaub krönt,
sie genießt im Liegestuhl,
hingestreckt am Swimmingpool
oder gar am Meeresstrand
auf dem traumhaft feinen Sand,
sich relaxed auf Liegematten
und im Kokospalmenschatten.
In der Hand ein Luxus-Eis,
noch dazu zum Sonderpreis,
abends Tanz zur Musicbox
mit Martini ‚on the rocks'
und zur Krönung einen Jive:
traumhaft ist das, ja, that's life!

Sonnenanbeter

Kaum ist der Himmel makellos blau,
sind zudem Lüfte milde und lau,
finden sich Menschen vieltausendfach,
und sie genießen den Sonnentag.

Hin zu den Stränden strömen sie meist,
sind aus der Ferne weit angereist.
Und ihr Verlangen ist dann zu ruh'n,
sich hinzulegen und nichts zu tun.

Völlig entkleidet liegen sie dann
Stunde um Stunde, Frau neben Mann.
Mal auf dem Rücken, mal auf dem Bauch,
und auf der Seite liegen sie auch.

So geht der Tag hin als Sonnenkur,
dösend und schlummernd in einer Tour.
Zwischendurch cremen, das ist bekannt,
denn das verhindert den Sonnenbrand.

Erst spät am Abend sind sie aktiv,
dann steht die Sonne nämlich zu tief.
Und das Ergebnis der Prozedur:
himmlische Bräune aus der Natur!

*Tipp für die **Sonnenanbeter**:*
Strahlt die Sonne prall und heiß,
wird's gefährlich, wie man weiß.
Darum Vorsicht: Creme fleißig
dich mit Lichtschutzfaktor dreißig!
Hilft bestimmt am Meeresstrand
gegen einen Sonnenbrand!

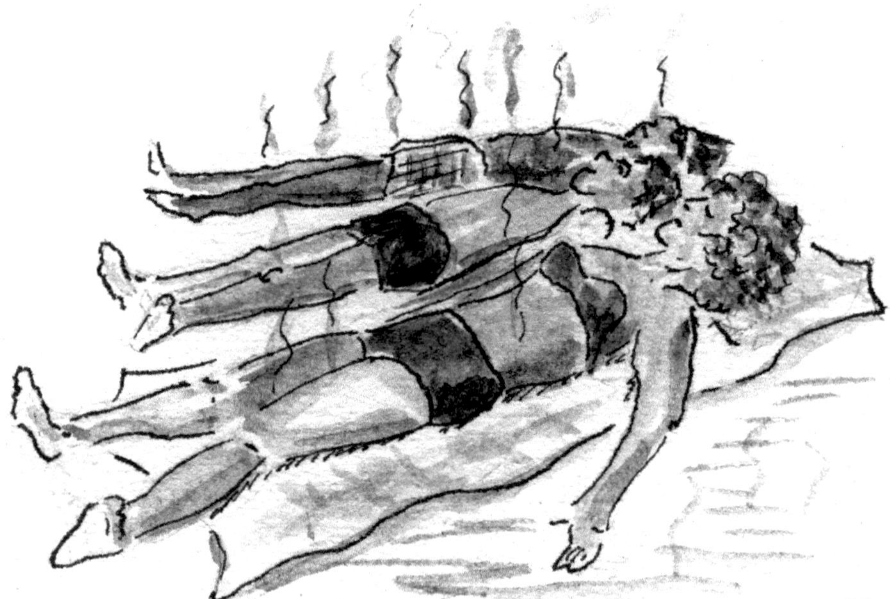

hjw

15 Krankheiten und Krisen überstehen

Corona

Es gibt Phänomene, die ändern die Welt,
schlagartig und plötzlich, egal, ob's gefällt!
Sie ändern den Alltag total rigoros,
die alten Zeiten – Erinnerung bloß.
Ein Virus, das schafft es, gefährdet uns nun,
hochinfektiös, wie es ist: Was ist nur zu tun?
Gefährdet die Menschen heimtückisch wie nie,
bringt Krankheit und Leiden als Pandemie.
Sie stürzt viele Menschen in größte Not.
Und vielen, vielen bringt sie den Tod.
Hygiene und Abstand und Maskenpflicht
ist das Gebot nun, so einfach und schlicht.
Geopfert wird dabei, was wirklich viel zählt:
die menschliche Nähe, das Zwanglose fehlt!
Auch heute erkennbar, die große Distanz,
nur so hat das Virus kaum eine Chance.
Man mag dies beklagen, weil's einschränkend ist,
man mag sogar stöhnen und fluchen: „So'n Mist!"
Doch alternativlos ist diese Art
trotz der Behauptung, sie sei allzu hart:
Der Schutz jeden Lebens ist höchstes Ziel,
das zu verlangen ist wohl nicht zu viel.
Sich zu erregen und immer zu schimpfen,
hilft leider nur wenig, es hilft nur zu impfen.
Dann kommen auch Zeiten der Normalität
zurück in den Alltag, weil die Krankheit vergeht!

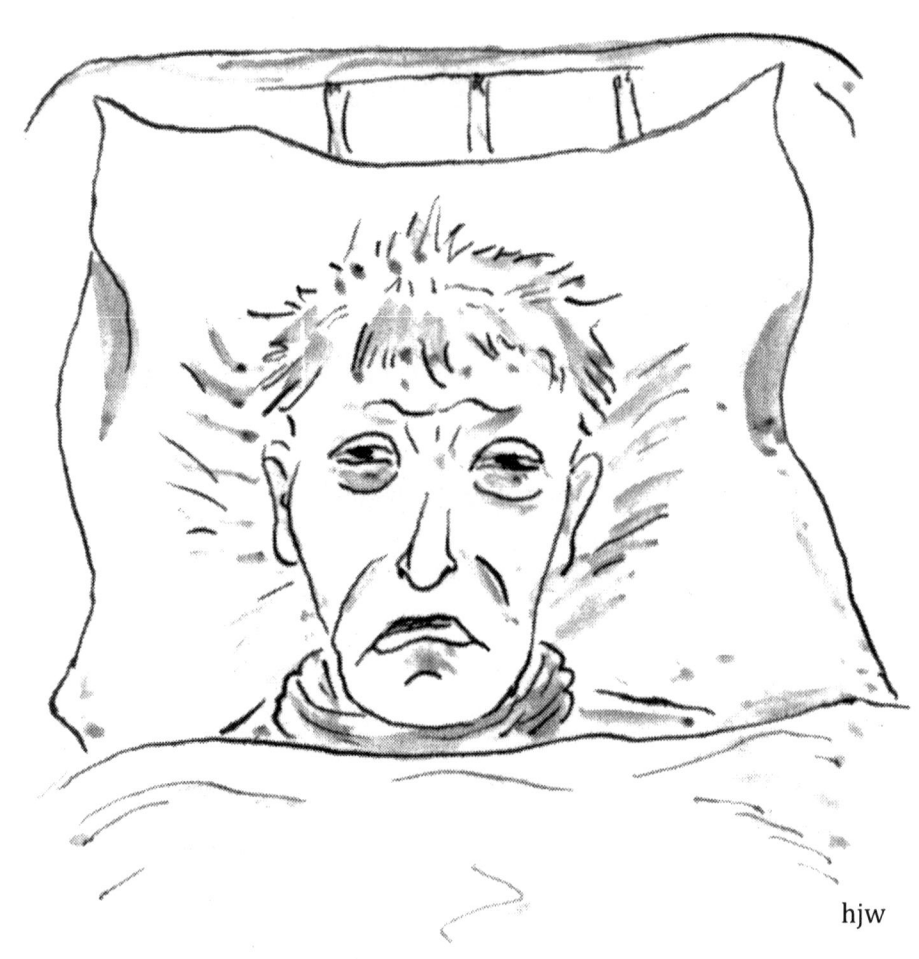

hjw

Hoffnungsschimmer

Verschwörungstheoretiker
sind Nachrichtenerzeuger,
in Wahrheit aber Wahrheitsbeuger,
die skrupellos und populär
die Menschen fälschlich informieren,
mit ‚Fake News' arg manipulieren,
dass diese sich verführen lassen
und Andersdenkende gar hassen!
Wortmächtig gehen sie voran,
erfinden hanebüch'ne Thesen,
absurd, abstrus und unbewiesen,
verkünden sie lauthals und dann
verblenden sie die Hörerschaft
mit imaginativer Kraft,
mit dem, was Massen hören wollen
in widerständig neuen Rollen,
in blinden, engen Echokammern,
Verstärkern für ihr dumpfes Jammern.
So wird ein Weltbild neu geschaffen
als Wirkkraft gegen das Erschlaffen,
als Glaube wirksam inszeniert,
nachhaltig gar indoktriniert.
Verstand, Vernunft indes verstummen,
sie taugen nicht für diese Dummen.
Die Wissenschaft bleibt unerhört,
weil sie die Meinungsbildung stört.
Kurzum: Ein Störenfried ist sie
für die Verschwörungstheorie
und gilt daher und kurzerhand
als absolut irrelevant!

Doch wird die Wahrheit auch verletzt,
so gilt: Die Hoffnung stirbt zuletzt,
sie wird am Ende doch obsiegen,
weil jeder, der am Leben hängt,
klar zur Wahrhaftigkeit hindrängt,
und Gift sind darin feige Lügen!

16 Sich erinnern, künstlerisch betätigen, appellieren

Fotos, Fotos, Fotos

Heutzutage sind Touristen
überwiegend „Fotoristen",
die – mit Kamera bewehrt –
Fotos schießen unbeschwert,
um mit digitalen Speichern
ihr Gedächtnis anzureichern.
Pausenlos, im Sauseschritt
nimmt man ständig Bilder mit,
bannt im Foto Triviales,
Alltagswelt und Kolossales.
Fotoshot – und blitzschnell steht,
was vors Objektiv gerät:
hier ein Lächeln, da die Gruppe,
Frühstückstisch, Buffet mit Suppe,
Leuchtturm, Kirche, Schlosspalast,
zwischendurch die Mittagsrast.
‚Klick' macht es und noch mal ‚Klick'!
Mit geübtem Fotoblick
hält man seine Wirklichkeit
fest im Bild für alle Zeit.
Wer die Bilder sieht, wird staunen
über all die Lebenslaunen,
über Selfies ohne Ende,
stilisierte Fotobände,
Tausende von Bilddateien,
endlos lange Fotoreihen:
Was sich da gesammelt hat,
überfordert Menschen glatt.
Und man fragt sich irgendwann,

was man davon löschen kann.
Klug ist, wer's beizeiten tut.
Eines braucht man dazu: Mut!

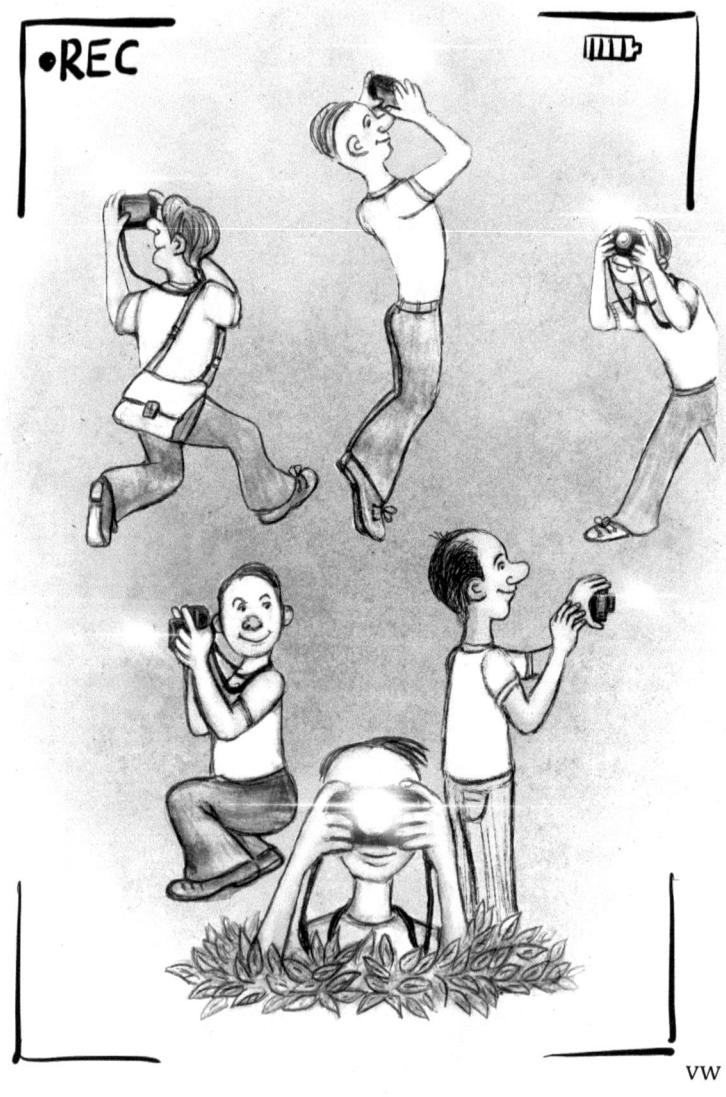

vw

Leben für die Kunst

Der Mensch liebt Kunst in jeder Form,
und was er schafft, ist ganz enorm:
Er liebt die Dichtung, Malerei,
Musik, Fotografiererei,
Theater und Architektur,
die Formgestaltung der Skulptur –
mal Kunst als Abbild der Natur,
gespiegelt, realistisch nur,
mal Kunst als Zerrbild, raffiniert,
expressionistisch, persifliert,
mal defensiv, emotional,
mal schrill, aufdringlich, radikal.
Der Mensch ist rege, kreativ,
ist schöpferisch und produktiv.
Er ragt heraus aus der Natur,
verewigt sich in der Kultur
und setzt sich so ein Denkmal hin,
ein Zeugnis für den Lebenssinn.
Die Kunst zeigt Menschen generell
als geistig-intellektuell,
als ungewöhnlich, zauberhaft,
als Wesen voller Leidenschaft,
begabt mit großer Phantasie,
mit tiefer Einsicht, mit Magie.
Ein Leben ohne Kunst, das wär'
sinnlos, leer!

Leben für die Kunst – wer's macht, entdeckt,
was an Ausdruckskraft im Menschen steckt.

vw

Innenleben eines Clowns

Die Trommeln wirbeln, es wird Zeit,
mein Auftritt naht, ich bin bereit,
schon kommt der Tusch, Applaus, Hurra,
ich trete vor, schon bin ich da,
verbeuge mich als erstes tief,
die Nase rot, der Mund ganz schief,
ich stolp're übern eignen Schuh,
das Publikum klatscht, lacht mir zu,
ich lach' zurück, mach derbe Witze,
fall über mich, fall hin und sitze
und schau verdutzt, der Mund geschmollt,
die Augen weit, verdreht, gerollt,
versuch', mich wieder zu erheben,
such' Halt am Stuhl – und greif' daneben,
fall wieder hin ... das Publikum
johlt laut und grölt, weil ich so dumm
und täppisch durch die Gegend wackel',
die Beine krumm so wie beim Dackel.
Schon geh ich zum Manegen-Rand,
„Grüß Gott, die Frau!", reich' ihr die Hand
und knickse tief, sink auf die Knie,
galant-charmant umschwärm ich sie
und spitze meine roten Lippen
zum Kussmund, fange an zu wippen
und falle plump auf ihren Schoß ...
sie ist entsetzt, kreischt hemmungslos –
und ich? Ich lächle sehr gequält,
die Augen blinzeln so beseelt,
erhebe mich und komm' voran,
zieh alle Blicke in den Bann,

hjw

verhalte linkisch mich und spröde,
grotesk und komisch, einfach blöde...
Und dann zum Schluss, die Trommeln schlagen,
riskier' ich scheinbar Kopf und Kragen
und setze gar zum Salto an –
doch jeder weiß, dass ich's nicht kann.
Und prompt passiert's: Ich lande harsch,
auf meinem allerwerten – A....

hjw

Reklame

Die Werbung wirkt sehr diffizil,
die Einflussnahme ist ihr Ziel:
Sie steht großflächig in der Zeitung
mit weithin reichender Verbreitung.
Und auch im Fernsehen flimmern ständig
die Werbeblocks äußerst lebendig
und reißen einen Film in Stücke:
Sie nutzen jede Sendelücke!
Reklame reduziert sich gern
auf einen kurzen, knappen Kern.
Der wirkt fortdauernd, infiltriert
das Hirn beständig, gut dosiert
und setzt sich als Gedanke fest,
der – rezipiert – kaum Freiheit lässt.
Ein Satz kursiert im Kopf herum,
bleibt unauslöschlich dort, wie dumm,
und sendet penetrant und schnöde
zum Beispiel: „Ich bin doch nicht blöde!"
Auf diese Weise aufgeklärt,
weiß jeder, wo man mehr erfährt,
und findet sich, stadtnah geparkt,
sogleich im nächsten Supermarkt,
der gut sortiert bei hellem Licht
dir Lebensfreude pur verspricht.
Und stehst du dann vor dem Regal,
hilft Werbung dir bei deiner Wahl.
Reklamesprüche können eben
Orientierung sein im Leben!

17 Jahreszeiten erleben

Frühling

Lang ersehnt: Der Frühling naht,
Winter sagt Ade,
schon sprießt erste Wintersaat,
fort ist nun der Schnee.

Die Natur ist neu erwacht,
weil die Sonne scheint,
erste Knospen wachsen sacht,
neues Leben keimt.

Sanfte Winde weh'n dahin,
milde ist die Luft,
und verlockend liegt darin
süßer, feiner Duft.

Tulpen und Narzissen blüh'n
bald am Wegesrand;
in den Bäumen sprießt es grün
überall im Land.

Auch die Vögel unentwegt
stimmen an ihr Lied,
balzen eifrig und erregt,
zirpen dort im Ried.

Auch der Frosch lebt wieder auf,
krabbelt von weither,
sucht den Teich, den Wasserlauf,
laichbereit ist er.

Aus dem Boden schauen keck
Mäuse wieder vor,
trauen sich aus dem Versteck,
graben sich empor.

Und der Mensch schöpft Zuversicht,
neuen Lebensmut.
Denn das helle Frühlingslicht
tut ihm wirklich gut!

Sommer

Hoch am Himmel steht die Sonne
gleißend hell als Strahlenkranz.
So verheißt sie Lebenswonne,
ungetrübten Lichterglanz.

Warm wird es an vielen Tagen,
hell dazu bis abends spät.
Leichte Kleidung lässt sich tragen,
weil ein laues Lüftchen weht.

Die Natur ist voll in Blüte,
opulente Blumenpracht.
Farbenfroh sind Kleider, Hüte –
Frohsinn herrscht, das Auge lacht.

Die Natur ist wach, lebendig:
Grillen zirpen in der Nacht,
die Insekten sirren ständig,
von der Wärme angefacht.

Auch die Nachtigallen schlagen
in den Nächten, traumhaft schön,
und der Kuckuck ruft an Tagen
gut versteckt, meist nicht zu sehn.

Tags sieht man auch Lerchen steigen,
fliegen schwirrend in die Luft,
und aus Bäumen, Büschen, Zweigen
strömt der volle Blütenduft.

Auf den Feldern wächst Getreide,
üppig reift das Korn heran.
Blumen blüh'n auf jeder Weide,
Wicken, Klee und Gundermann.

Gräser, Rosen, Nelken, Schlehen
wachsen, blühen weit und breit,
bis sie welken und vergehen:
Ende einer Sommerzeit.

Herbst

Die Zeit läuft weiter, still und leise...
und plötzlich ist es Herbstes Zeit.
Der Star singt nicht, nicht mehr die Meise,
der Storch ist längst bereit zur Reise
nach Afrika – dorthin ist's weit!

Das Laub färbt sich, rot-gelbe Farben
erstrahlen nun im milden Licht.
Auf Feldern steh'n Getreidegarben,
denn niemand will im Winter darben:
kein Mensch und auch die Tiere nicht.

An allen Apfelbäumen hängen
die Früchte, üppig, reif und schwer.
Und Pflücker ernten diese Mengen
bis in die Nacht, die Zeiten drängen,
und jeder Bauer weiß, wie sehr!

Dann kommen Winde, Stürme toben,
die Wolken fliegen nur so hin,
am Firmament ein Regenbogen,
verdüstert ist der Himmel oben,
und Blitz und Donner sind darin.

Die Sonne geht nun früher unter,
die Luft wird kühler, ist nur lau.
Insekten tänzeln noch mitunter,
und Spinnen weben weiter munter
ihr Netz: Man sieht's im Morgentau.

Und kommen erst Novembertage,
sind Nebelschwaden in der Luft.
Die Welt verstummt mit einem Schlage,
gedämpftes Licht und Totenklage,
und dunkel wird's wie in der Gruft.

Dann zündet mancher an die Kerzen
und zieht sich in sein Haus zurück,
vertreibt damit die Abschiedsschmerzen –
Advent naht schon und geht zu Herzen...
und still erwächst ein neues Glück.

ma

Winter

Der Winter zeigt nach langer Zeit
sich wieder mal im Winterkleid.
Es schneit seit Tagen und es türmt
der Schnee sich auf, weil es so stürmt.

Die Landschaft ist nun weiß bedeckt,
die Häuser sind im Schnee versteckt,
die Wege sind auch noch nach Stunden
verweht und unpassierbar, wie verschwunden.

Das Leben wirkt nun wie erstarrt,
der Frost regiert, herrscht knüppelhart:
Ein kalter Zauber ist gefallen
in Form von feinen Eiskristallen.

Und jeder Mensch sucht auf die Schnelle
sich eine gut beheizte Stelle,
sucht einen Ort, wo er nicht friert
und der ihm Wärme garantiert.

Da harrt er aus zum Überwintern,
sitzt am Kamin auf seinem Hintern,
genießt die Wärme, ist geborgen
und so enthoben aller Sorgen.

Er staunt für sich, wie wandelbar
dort draußen die Natur doch war.
Bei gutem Essen, Kerzenlicht
gewinnt er wieder Zuversicht.

Denn ganz gewiss kommt irgendwann
die milde Luft des Frühlings an.
Dann schmilzt dahin die weiße Pracht,
weil nun die Sonne wieder lacht...

...und jeder Mensch freut sich darauf –
denn das gehört zum Jahreslauf!

hjw

Lebensweisheit

Wenn Winter ist, dann sehnt man sich
herbei die Sommerzeiten,
erhofft und wünscht sich innerlich
hinfort in warme Breiten.

Doch kaum fängt wirklich Sommer an
mit ersten Hitzewellen,
stöhnt man auch schon: „Oh Mannomann,
wo sind die kühlen Quellen?"

Man flüchtet hin zum Schattenfleck
und meidet Hitzestrahlen,
verkriecht sich unterm Sonnendeck,
erleidet Körperqualen.

Ja, wie es ist, so ist's nicht recht,
man dreht sich oft im Kreise,
und irgendwas ist immer schlecht –
„C'est ca", denkt sich der Weise.

„Das Leben ist und bleibt ein Spiel
mit vielen Unbekannten.
Für das, was gestern noch gefiel,
fehl'n heute die Garanten."

So nimm das Leben, wie es ist,
genieße deine Tage
und heb' nicht ab, bleib' Realist
in jeder Lebenslage!

Ach, könnt' ich doch die Zeiten dreh'n:
Wie war der Sommer doch so schön!
Wenn ich's bedenke recht
ist doch der Winter schlecht!

Wo sind die kühlen Quellen?
Mich plagen Hitzewellen!!
Wenn ich's bedenke recht:
Der Winter war nicht schlecht!

hjw

18 Sich auf die Weihnachtszeit freuen

Advent

Advent, Advent – die Zeit der Lichter,
von Tannenbaum und Weihnachtsmann.
Erwartungsfroh sind die Gesichter:
Advent zieht sie in ihren Bann.

Und Nadelbaum und Tannenzweige
verzieren Straßen wie sonst nie.
Musik erklingt! Fern tönt die Geige
mit einer Weihnachtsmelodie.

Auch reich erfüllt sind nun die Lüfte
vom Zuckerguss und Mandelkern.
Der Weihnachtsmarkt verbreitet Düfte:
Sie locken viele schon von fern.

Dort lässt sich immer viel erleben:
Bratäpfel gibt es da am Stand
und Krapfen, Zimtstern gleich daneben,
Lebkuchenherz am roten Band.

Advent ist auch die Zeit der Stille,
der Einkehr, der Besinnlichkeit.
Denn Gottes Botschaft, Gottes Wille
erfüllt die ganze Christenheit.

Die Kirchenräume, neu gestaltet
mit Krippenspiel und Kerzenlicht,
sind weithin auf. In ihnen waltet
der Geist der reinen Zuversicht.

So öffnet die Adventszeit Türen,
sie öffnet Herzen, macht sie weit
und kann den Mensch' zum Menschen führen –
das ist der Sinn der Weihnachtszeit.

ma

Alle Jahre wieder

Eins ist doch wirklich wunderbar:
Das Weihnachtsfest kommt jedes Jahr!
Und schon im Spätherbst irgendwann
kündigt der Weihnachtsmann sich an
mit rotem Mantel, weißem Bart,
auf legendärer Schlittenfahrt.
Herab vom Himmel kommt er her,
verheißt uns eine alte Mär.
Er zählt zum Weihnachtsfest dazu
so wie die Sohle zu dem Schuh.
Und ohne ihn wär' alles öde,
so wenig inspirierend, spröde.
Für Kinder wäre unerklärlich
die Herkunft der Geschenke, ehrlich!!
Und dann entfiele auch die Pflicht
zum guten Weihnachtsmann-Gedicht.
Nein, wie es ist, so ist es gut,
vorm Weihnachtsmann zieh' man den Hut,
ein Inbegriff von Tradition,
sie zu erhalten lohnt sich schon
genauso wie den Weihnachtsbaum,
denn ohne ihn wär' Weihnacht kaum.
Auch Jingle Bells und Klingeling
sind allesamt ein feines Ding.
Drum sei's gesagt zum frohen Feste:
Für alle nur das Allerbeste!

ma

19 Musizieren und Musik genießen

Klavier

Das Klavier ist kolossal,
denn es klingt phänomenal,
und es kann mit seinen Tönen
jedes Publikum verwöhnen.
Allerdings gelingt das nur,
wer die Noten-Partitur
auch versteht und spielen kann –
Übung macht den Meister dann.
Denn die Finger müssen hasten
über 88 Tasten!
Weiße, schwarze, diese beiden
muss der Spieler unterscheiden,
und er braucht dazu behände
seine filigranen Hände.
Linker Hand spielt er den Bass.
Rechts die hohen Töne, was
im Zusammenspiele klingt,
herzergreifend auch mal swingt.
Jeder Finger ist da wichtig,
spielt mal sanft, mal pocht er richtig
und erzeugt Akkorde, Klänge,
ja, begleitet auch Gesänge!
Kunstvoll, schwierig ist das schon,
glaub mir, jeden falschen Ton
hört man, trifft hinein ins Herz,
ist ein wahrer Ohrenschmerz!
Darum gilt das Loblied hier
jedem Könner am Klavier,
der sensibel, zartbesaitet,

klangvoll die Musik verbreitet.
Und wer's kann, ist offenbar
schnell bekannt und ist ein Star!

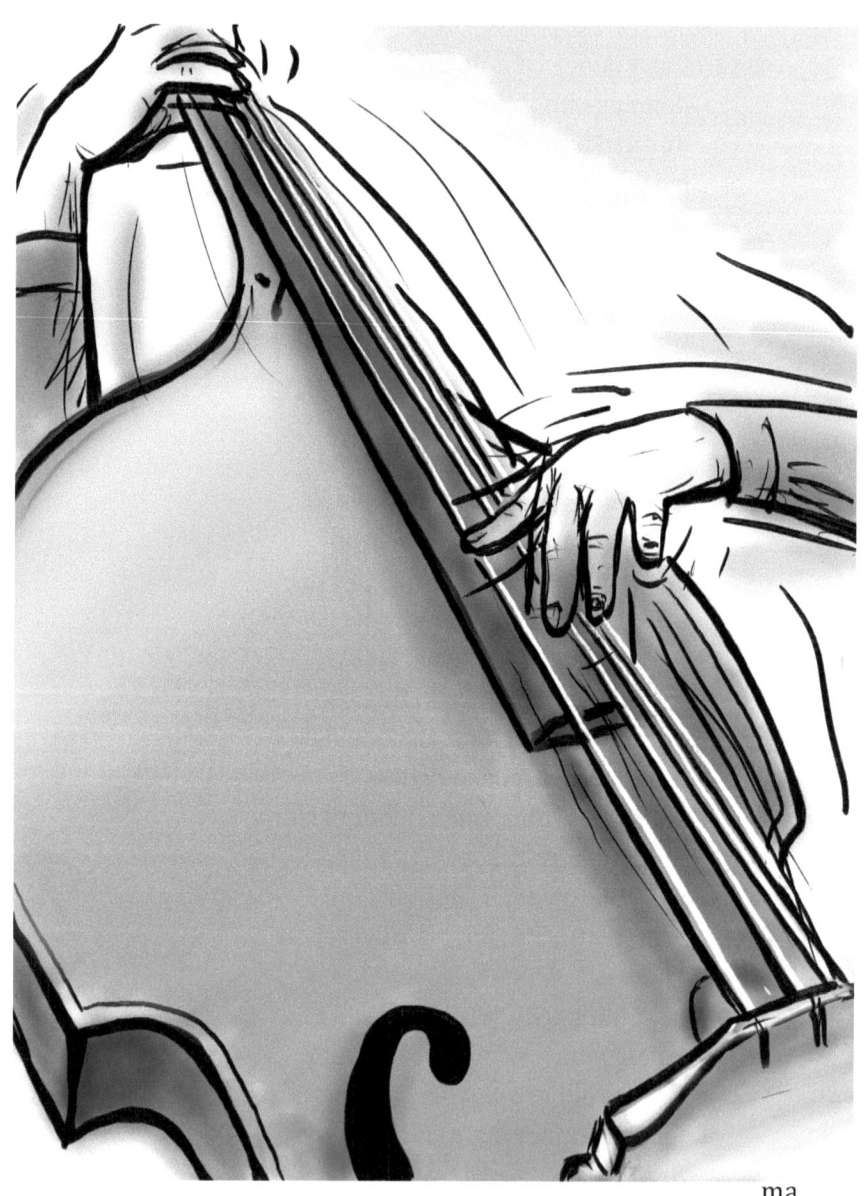

ma

Kontrabass

Ein Ungetüm, groß wie ein Fass,
so wirkt auf mich der Kontrabass.
Titan, Gigant, ein Monument,
ein Instrument, das jeder kennt
und dessen Ton den Raum durchdringt,
die Luft erfüllt, so dass sie schwingt.
Gar fingerdick sind seine Saiten,
wer sie bespielt, hat Schwierigkeiten,
denn sie zu halten und zu zupfen,
an ihnen virtuos zu rupfen
und Läufe leichthändig zu spielen,
das geht nicht ohne Hornhaut, Schwielen.
Ja, Daumen, Finger zeigen Spuren,
sind strapaziert wie nach Torturen,
und wer da täglich spielt nach Noten,
kriegt nach und nach zwei dicke Pfoten.
So ringt der Spieler mit dem Bass,
greift dessen Taille, kontert krass,
entlockt ihm wie beim Kampfgestöhne
basal-fundamentale Töne,
und beide wirken sonderbar
wie ein verkrampftes Liebespaar,
das gegenseitig sich hofiert
und dann im nächsten Akt traktiert.
Wie herrlich angenehm ist da
die kleine Mundharmonika.

Gitarre

Sechs Saiten hat das Instrument,
das sehr beliebt ist, das man kennt:
Es heißt Gitarre, ist famos,
erzeugt den Rhythmus grandios,
wenn Finger über die sechs Saiten
im Takt mit sanftem Schlage gleiten.
Doch lassen sich auch Melodien
auf diesem Instrumente spielen,
und Kenner der Gitarre meinen,
orchesterhaft sei sie im Kleinen.
Sie prägt mit ihrem Spiel den Stil,
gibt jeder Richtung ihr Profil,
ob Pop, ob Rock, ob Blues, ob Funk,
ob als Begleitung zum Gesang:
Unüberhörbar und präsent
ist sie als Saiteninstrument!

ma

Saxophon

Markant und sehr bekannt ist schon
der Ton von einem Saxophon.
Denn er klingt nicht nur wunderbar,
ist einfach unverwechselbar,
einmalig schräg und jazzig schick –
er *turnt* dich an, gibt dir den Kick,
und schon bist du elektrisiert,
vom Klang des Tones fasziniert
und spitzt die Ohren tigergleich –
die Knie werden dir schon weich,
du kommst ins Schwelgen, bist in Trance,
suchst für dich Fassung und Balance.
Denn dieser Ton, reibeisenhaft,
hat musikalisch so viel Kraft
und ragt heraus aus großer Masse:
Das Saxophon klingt einfach klasse!

ma

Das Schlagzeug

Das Schlagzeug gibt den Rhythmus an,
bewundernswert, wer's spielen kann!
Denn Bass-Drum, Hi-Hat, Tom und Snare
im Takt zu schlagen ist schon schwer.
Ein Spieler braucht dazu im Blut
Rhythmusgefühl, dann ist er gut.
Er spielt mit Besen oder Sticks,
gekonnt, akzentuiert, mit Tricks
und schlägt dabei aufs Trommelfell,
rasant im Anschlag und blitzschnell.
Wer einen Schlagzeugspieler sah,
der wusste kaum, wie ihm geschah,
wie der den Rhythmus generiert,
auf Hände, Füße konzentriert,
den Groove erzeugt und sich bewegt,
schnell auch ein Publikum erregt –
das ist schon wirklich sagenhaft,
ein Künstler der, der so was schafft!

ma

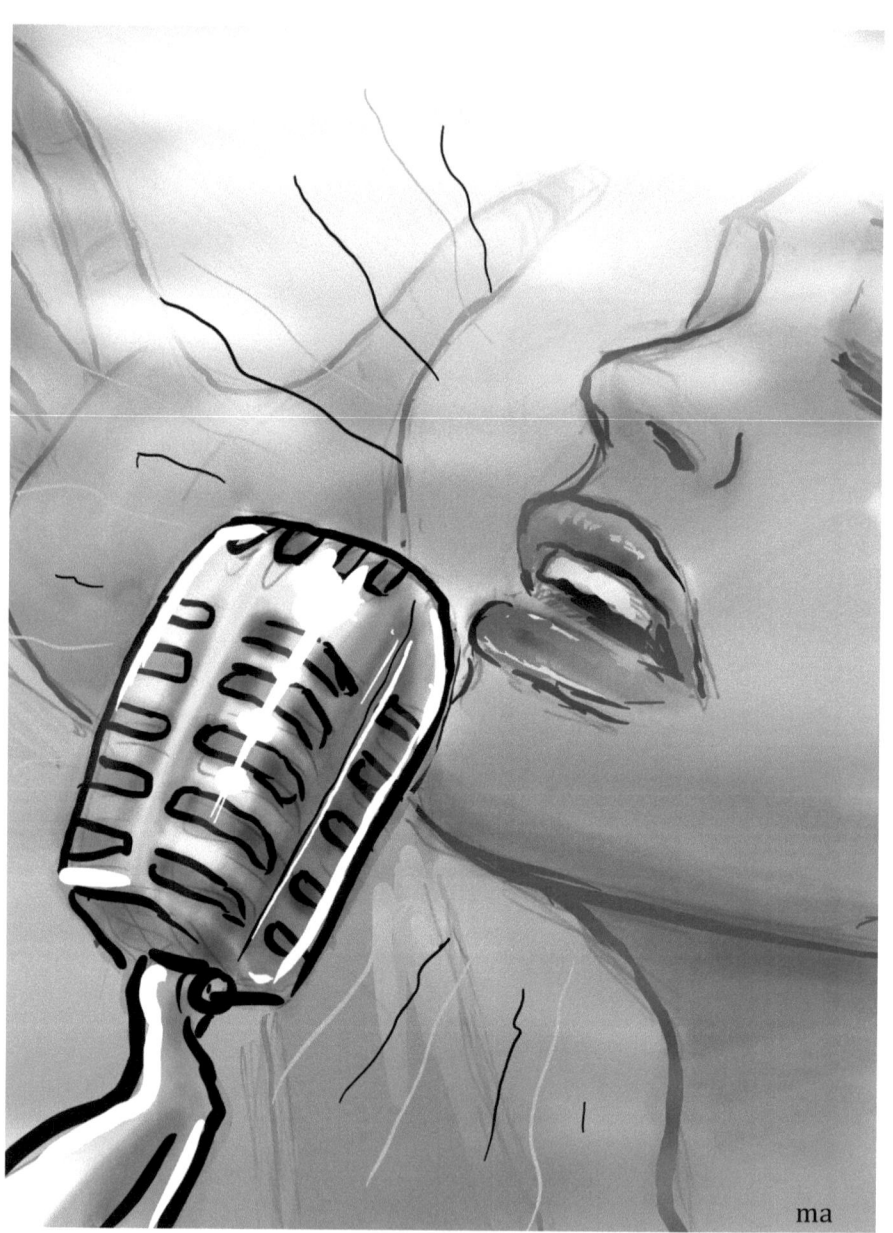

ma

Der Blues

Musik, wenn sie dem Herz entspringt,
wenn sie so seelenvoll erklingt,
die Melodien gar Schmerz ausdrücken,
mit jedem Ton berühr'n, verzücken,
dann wissen alle ICHs und DUs:
Das klingt so ganz nach einem Blues!
Er ist für viele erste Wahl,
in der Musik fundamental
und ist mit seinem festen Schema
gewidmet jedem Lebensthema.
Er ist als Ausdruck gar nicht kühl,
im Gegenteil, er zeigt Gefühl,
er spiegelt vielfach unbequeme
und herzzerreißende Probleme
und zeigt den Menschen, wie er letztlich
so schwach ist und auch so verletzlich.
So klingt der Blues dann irgendwie
wie eine Schicksalsmelodie
und lässt den Hörer deutlich fühlen,
wie Emotionen in ihm wühlen.
Er gibt dem Menschen ja so viel,
entlastet, wirkt wie ein Ventil
für die Gefühle und befreit
von Leid und Schmerzen allezeit:
Der Blues in der Musikkultur
ist gleichsam eine Seelenkur!

Schlagertexte

Schlagertexte sind zumeist
unterhaltsam für den Geist,
konstruiert nach gleichem Schema,
und sie haben meist ein Thema,
das sich oftmals reimt auf Herz,
Glück und Liebe, Pein und Schmerz,
sanft berührend, spirituell,
formelhaft und als Appell.
Diese Texte sind so klar,
schlicht und zeitlos, einfach wahr,
bleiben im Gedächtnis hängen
mit eingängigen Gesängen,
geben Halt und haben Macht,
weil das Herz vor Freude lacht,
weil, die Texte mitzusingen,
Leichtigkeit ins Dasein bringen.

Straßenmusikant

Hurra! Ein Straßenmusikant,
den meisten völlig unbekannt,
spielt auf und fasziniert die Massen –
die hören zu, woll'n nichts verpassen!
Und jeder ist verklärt im Nu,
schnippt mit dem Finger still dazu
und hört bekannte alte Weisen
zum Nulltarif: Musik auf Reisen!
Unplugged und einfach grandios –
da freut man sich, da ist was los.
Dem Künstler applaudiert man gern
von seinem Platz, von nah, von fern,
rückt näher, daran interessiert,
dass er noch weiter musiziert.
Und jeder spürt bei der Musik
momenthaft großes Lebensglück,
steht lauschend in der Menschenmenge,
hingebungsvoll in dem Gedränge,
erlebt die Szene in der Straße
genießerisch in hohem Maße,
und cool und lässig, gar nicht steif,
spielt dort ein Künstler: und das *live*!

hjw

Ein paar Cents? Einen Euro? Oder auch mehr?
Für den **Straßenkünstler**: Bitte sehr!

20 Phantasievoll erzählen und fabulieren

Phantasie

Die Phantasie ist vogelgleich,
schwingt sich empor zum Himmelreich,
schlägt Pirouetten, Purzelbäume,
beflügelt kreative Träume,
versteigt sich hin zu Illusionen
und lebt von Assoziationen.
Sie ist im Menschen angelegt,
wird stimuliert und angeregt
beim Denken, Spielen, Diskutieren,
Probleme Lösen, Modellieren,
beim Schreiben, Malen und Gestalten,
Entwerfen und Ideen Entfalten.
Was wär' der Mensch nur ohne sie?
Er wäre niemals ein Genie,
erstarrt in alten Konventionen,
in fest gezurrten Traditionen,
und sicher und bestimmt wär' er
kein bisschen revolutionär,
viel eher angepasst und brav,
demütig folgsam wie ein Schaf
und ohne Blick für neue Spuren,
nur monoton in den Konturen:
Er lebte quasi wie in Mauern,
höchst unfrei und nur zu bedauern.
und seine Lebenschance zuletzt
wär' ganz bestimmt herabgesetzt,
denn jeder, nicht nur das Genie,
braucht unbedingt die Phantasie!

ma

Der Esel

Der Esel ist ein graues Tier,
mehr will ich nicht behaupten hier.
Ob er nun klug ist oder dumm:
Wer weiß das schon genau! Und drum
will ich ihn beispielhaft beschreiben,
und dabei soll es denn auch bleiben:
Er ist kein Säufer oder Prasser,
stattdessen trinkt er lieber Wasser.
Er lebt genügsam, ist hienieden
mit Heu und Wiesenklee zufrieden,
trägt Lasten, ohne je zu murren,
zu bocken oder gar zu knurren.
Nur manchmal sagt er, wenn er da,
ganz unverwechselbar „I-ah".
Das ist es schon, mehr sagt er nicht.
Gradlinig, so ist seine Sicht!
Und treu ist er, bleibt bei der Stange,
lässt dich im Stich nicht, keine Bange.
Er schaut dir offen ins Gesicht
und führt dich niemals hinters Licht,
ist ehrlich, echt (!), er kann nicht lügen
und kann schon gar nicht dich betrügen.
Und wenn er bockt, hat's einen Grund,
dann wird's verrückt, wird's ihm zu bunt.
Man sieht mithin, wenn man ihn lässt,
so ist er ganz charakterfest.
Wär' da vielleicht nicht mancher Mann
als Esel gar nicht übel dran?
Er könnt' sich zeigen mit Profil –
das wäre doch ein schönes Ziel!

ma

Der Maulwurf

Der Maulwurf ist ein kleines Tier.
Er lebt im Boden und hat vier
verkürzte, körpernahe Beine.
Man nennt sie Schaufeln. Sie alleine
sind kraftvoll, ja sind bärenstark,
sodass er einen ganzen Park
im Boden unterqueren kann:
Man sieht es seinen Hügeln an
und kann die Wege wohl erahnen,
die weitverzweigten, tiefen Bahnen,
die Strecken, die der Maulwurf schafft
dank seiner ungeheuren Kraft.
Wer ihn mal auf dem Boden sah,
weiß nicht so recht, wie ihm geschah.
Denn er läuft sagenhaft rasant,
wie ein Torpedo auf dem Land.
Droht ihm Gefahr, schon ist er weg,
ihm nachzugraben ohne Zweck.
Er wühlt gekonnt, geschickt und schnell,
und dabei hilft ihm auch sein Fell,
das ihn beschützt und das ihn wärmt,
wenn er durch Bodengänge schwärmt.
So ist der Maulwurf ganz famos,
die Art zu leben grandios.
Man könnt' ihn lieben, wär' da nicht
des Hobbygärtners andre Sicht.
Denn wer da seinen Rasen pflegt,
ihn düngt und wässert, mäht und hegt,
die kleinsten Kräuter zieht und zupft,
und was nicht passt, entfernt und rupft,

wer seinen Ehrgeiz daran setzt,
dass nichts den Rasen je verletzt,
der ist in Panik, wenn er sichtet,
welch' Werk ein Maulwurf verrichtet.
Ein Rasenfreak sieht da nur rot
und wünschte sich den Maulwurf tot.
Doch sei gewiss: Er kann nur hoffen!
Der Ausgang ist und bleibt meist offen....
Denn wer den Maulwurf wirklich kennt,
weiß gut: Der Kerl ist resistent!

Katzenjammer

Friedolin, der Kater, jagt
das, was ihm so sehr behagt.
Denn mit klarem Beuteschema
ist die Mäusejagd sein Thema!
Liebt es, Mäuse sich zu jagen,
schnappt sie sich, packt sie am Kragen,
schwenkt sie lustvoll hin und her,
so als wenn's ein Spielball wär',
lässt sie laufen, scheinbar nur...
Schwupp, schon greift er sie retour,
trägt sie mörderisch am Schwanz,
lässt sie zappeln wie beim Tanz –
und schon lässt er wieder los,
denn der Spaß ist riesengroß!
Sieht die Maus verzweifelt jetten,
wie sie läuft, um sich zu retten,
gibt ihr nochmals etwas Raum
für Sekunden, mehr sind's kaum...
Doch da kommt, wie ein Rebell,
aus der Luft ein Falke schnell,
schießt heran, greift hastig zu,
zack, die Maus ist fort im Nu...
Friedolin schaut sehr erstaunt,
überrumpelt, missgelaunt,
und holt sich frustriert und matt
nun von Frauchen Kittekat.

Bis hinein in jede Kammer
hört man lauten **Katzenjammer**!
Und die Katze macht's mit List,
dass man sie ja nicht vergisst,
ihr großzügig, gönnerhaft
eine Schleckerei verschafft.
Den Erfolg hört man genau
dann an ihrem Laut: Miau!

hjw

Schicksal

Ein Karpfenfisch, ein dumm-dreist blöder,
verschluckte einen Wurm als Köder.
Nun hing er an der Schnur der Angel
und steckte zappelnd in der Mangel.
Er wusste kaum, wie ihm geschah,
und ehe er sich recht versah,
schwupp, schoss er aus den Wasserfluten,
kam zu der Köchin, dieser guten,
und schwamm sogleich, befreit vom Kopf,
geschrubbt, geputzt im Suppentopf.

ma

Toller Hecht

Ein Hecht, wenn er echt,
lebt wirklich nicht schlecht.
Als Räuber bekannt,
frisst er allerhand
und gierig sogleich
den Karpfen im Teich.
Ein Vielfraß wie er
wird auch ziemlich schwer
und wird so direkt
zum Beuteobjekt
für Angler, Fischkenner,
für echt starke Männer.
Kaum beißt der Hecht an,
schon freut sich der Mann.
Er strahlt, Stolz geschwellt,
hinaus in die Welt
und nennt sich zurecht
dann selbst: „Toller Hecht".

ma

Tonwandel

Es flog in eine Gartenlaube
ein Vogel, eine Turteltaube.
Sie gurrte dort so monoton
beständig ihren Turtelton
und lockte dort als Taubenmann
ein süßes Turteltäubchen an.
Sie gurrte lang und immer länger –
man weiß, die Taube ist kein Sänger –
und zeigte bei der Turtelschau
auch ihr Gefieder – das ist grau!
Sie wartete und murrte schon
und gurrte dennoch ihren Ton,
saß in der Laube gut geschützt:
Ob das der Brautschau wirklich nützt?
Denn wenig später und im Nu
da schnappte Fritz, der Kater, zu,
verwandelte das taube Gurren
in ein Miauen – ohne Murren!

ma

Der junge Kater

Miau, ich bin ein junger Kater,
bin noch sehr jung und noch kein Vater.
Ich bin verschmust, wie Kater sind,
gestreichelt werden ist mein Ding.
Beim Kraulen lieg' ich auf dem Rücken,
ich schnurre dann, bin voll Entzücken.
Und streichelt man mir meinen Bauch,
so schließe ich die Augen auch
und könnte ewig das genießen,
weil die Gefühle in mir sprießen.
Ein Schauer jagt den andren dann -
ich lieb' die Hand, die streicheln kann!
Und wer mich zärtlich so verwöhnt,
mit Sanftheit mir mein Leben krönt,
mit dem bin ich in allen Stunden
auf Dauer treu und eng verbunden,
fühl' mich gestärkt und gar nicht flau
und seufze seelenvoll ‚Miau'!

Der smarte Kater

Miau, ich bin ein großer Kater,
ein ehrenwerter, lieber, smarter.
Respekt erheischend, das bin ich,
ich lieb die Welt, und sie liebt mich.
Ich spüre das, denn mich Mimosen
umsorgen alle und liebkosen
mich ständig, und sie streicheln mich.
Das stärkt mein Ego, stärkt mein Ich.
Dann kann ich schnurren, bin verklärt,
wenn mir so Gutes widerfährt.
Ich schließe meine Augen dann
und schmelze hin, bin irgendwann
im Katzenhimmel ganz weit oben:
Die Hand, die streichelt, muss ich loben!
Doch kommt der Zeitpunkt: dann ist Schluss,
weil es auch Grenzen geben muss.
Denn nur vom Streicheln – ich sag's platt –
werd' ich nun überhaupt nicht satt.
Dann troll ich mich und springe fort
geschmeidig hin zum nächsten Ort.
Am liebsten auch mal aus dem Haus,
fang' instinktiv mir eine Maus!
Denn das fällt mir nun wirklich leicht,
ein Leckerbissen! Ja, das reicht.
Auch das verschafft mir Wohlbehagen -
das liebe ich, das liebt mein Magen!
Die Mischung macht's, so ist das eben
bei mir und wohl in jedem Leben!

Der Kuckuck

Die Welt, sie will betrogen sein,
das sagt der Volksmund allgemein.
Nach diesem Motto lebt ein kleiner,
durchtrieben fieser, gar nicht feiner
Geselle aus der Vogelwelt:
Der Kuckuck ist's, dem es gefällt,
sein Ei ins fremde Nest zu legen.
„Das Weitere wird sich ergeben",
so denkt der Kuckuck, fliegt hinfort
und meidet künftig diesen Ort.
Die Aufzucht kümmert ihn nicht mehr,
denn diese Arbeit wär' zu schwer!
Die Freiheit wäre arg beschnitten,
der kleine Balg würd' ständig bitten
und betteln, Futter fordern, klagen –
er könnt's als Kuckuck nicht ertragen!
Nein, darauf lässt er sich nicht ein
und handelt rücksichtslos gemein. –
‚Verzicht' nennt man das euphemistisch
seither, wenn jemand egoistisch
die Aufzucht andern überlässt
und sich nicht kümmert um das Nest.
Im Tierreich ist mit seiner List
der Kuckuck ein Protagonist
und füllte, wär' er auf der Bühne,
die Rolle aus in „Schuld und Sühne".

Erzählkunst

Der Mensch erzählt sehr gerne
von Reisen aus der Ferne,
was er erlebt hat, was er sah –
lässt die Gedanken wandern
von einem hin zum andern,
und der erfährt dann, was geschah.

Was Menschen sich berichten,
sind spannende Geschichten,
sie fesseln und sie rütteln auf –
beleuchten Augenblicke,
auch tragische Geschicke
bis hin zum ganzen Lebenslauf.

Doch manchmal phantasieren
die Menschen und kreieren
Geschichten, und die sind nicht wahr –
der Geist will dann verführen,
zeigt menschliche Allüren
als einzigartig und bizarr.

Auch helfen oftmals Fabeln,
im Gleichnis die Parabeln,
belehren Menschen beispielhaft –
und Tiervergleiche leisten
dann immer noch am meisten:
Sie fördern die Erkenntniskraft!

ma

21   Gefühle spüren

Gefühle

Gefühle sind im Innern spürbar,
spontan und permanent zugleich,
nuancen- und facettenreich
und zeigen Menschen als berührbar.

Sie lassen sich nicht unterdrücken
und schwingen ständig in dir mit,
begleiten dich auf Schritt und Tritt,
sind da in allen Augenblicken.

Sie gleichen manchmal Explosionen,
sind wie Vulkane eruptiv,
im Hirn gesteuert instinktiv,
entladen sich als Emotionen.

Stets wirken sie wie Seismographen,
bewerten das, was man erlebt,
sind Spiegel, wenn die Seele bebt,
und nehmen Einfluss, selbst beim Schlafen.

Gefühle sind komplex, vielschichtig,
sie gleichen einer Sinfonie
mit wechselvoller Harmonie
und sind als Stimmungsbildner wichtig.

vw

22 Euphorisierende Gefühle

Freude

Die Freude drückt sich aus als Glücksempfindung,
befördert wahre Lebenslust.
Sie stimuliert dich, gleicht so einer Zündung
für's Herz: Das tanzt in deiner Brust.

Und wie es schlägt! Die Freude lässt es beben,
du fühlst dich stark, du fühlst dich gut.
Du möchtest hoch hinauf, zum Himmel schweben,
und in dir wächst der Lebensmut.

Euphorisiert bist du, die Augen lachen,
die Freude steht dir im Gesicht.
Du möchtest scherzen, Kopfstand machen:
Die Welt erstrahlt im hellen Licht.

Ach, könnte dieser Zustand ewig währen,
das Glücksgefühl, die Euphorie.
Du hättest keinen Grund, dich zu beschweren,
du wärst erfüllt von Harmonie.

So träume nur, doch Träume sind es eben,
denn jede Freude schwächt sich ab.
Der Alltag kommt, Normalität im Leben:
Der Wechsel vom Galopp zum Trab.

vw

Glück

Das Glück ist, wie das Paradies auf Erden,
ein Zustand, den man sich ersehnt,
in dem die schönsten Träume Wahrheit werden,
man gleichsam sich im Himmel wähnt.

Wie lacht das Herz und jubiliert im Innern,
wie strahlt vor Freude das Gesicht!
Wer wirklich Glück hat, zählt zu den Gewinnern
und steht im Glanz vom Sonnenlicht.

Doch lässt sich Glück in keinem Fall erzwingen:
Der Zufall führt bei ihm Regie.
Denn unerklärlich bleibt vor allen Dingen,
warum es kommt: Das weiß man nie!

Da helfen Horoskop nicht, Karten legen,
auch Seher nicht und kein Prophet.
Das Schicksal folgt geheimnisvollen Wegen,
die keine Macht, kein Mensch errät.

Wer Glück hat, fühlt sich gut in seinem Leben,
wird optimistisch und gewinnt
an Zuversicht. Und deshalb hofft er eben,
dass dieses Glück ihm nie zerrinnt.

vw

Liebe

Die Liebe ist beglückend und beständig
erfüllt sie dich mit ihrer Glut.
Dein Herz frohlockt, pulsiert in dir unbändig
und spendet andren Lebensmut.

Die Liebe treibt dich an zu guten Werken,
sie ist fürsorglich, konstruktiv,
will helfen, stützen, zärtlich sein und stärken
und wurzelt in der Seele tief.

Die Liebe ist das Fundament fürs Leben,
denn ohne Liebe geht es nicht,
sie gleicht der Sonne: Sie will Wärme geben –
vertreibt die Dunkelheit durch Licht.

Wo Liebe herrscht, da enden Streit und Kriege,
und Hass und Zwietracht gehen ein.
Sie überwältigt alle, feiert Siege
und will nur eins: Beglücker sein.

Vor allem fördert Liebe das Vertrauen,
sie lässt Beziehungen erblüh'n,
und jede Zweisamkeit will darauf bauen:
Sie lässt zwei Herzen voll erglüh'n.

vw

Lust

Die Lust ist eine Stimulanz im Leben,
ein Kitzel, der elektrisiert
und den du suchst, denn er lässt dich erbeben.
Du bist nur eins: euphorisiert.

Beschwingt bist du, du möchtest nur noch lachen,
weil du das Leben so genießt
und Lebenskräfte sich in dir entfachen,
das Blut dir durch die Adern schießt.

Die Lust durchströmt dich, fließt bis in die Glieder
und wirkt in dir fundamental,
du willst sie halten, suchst sie ständig wieder:
Sie ist für dich die erste Wahl.

Von Lust erfüllt, lässt du dich schnell begeistern,
stürzt dich in die Aktivität,
und energiegeladen kannst du vieles meistern,
weil dir auch nichts im Wege steht.

Beflügelnd wirken auf dich die Hormone,
sie machen dich dynamisch jung,
erwecken Kräfte in dir zweifelsohne
verleihen dir Elan und Schwung!

vw

Stolz

Der Stolz hebt ab, wähnt sich in hohen Sphären,
er ist mithin dem Himmel nah.
Der Mensch erhält die allerhöchsten Ehren:
Sichtlich gerühmt, so steht er da.

Er lässt sich preisen, nimmt das Lob entgegen,
das Wort an ihn ist hymnenhaft.
Er steht im Glanz und fühlt sich überlegen,
gekrönt durch seine Könnerschaft.

Wie strahlt sein Auge angesichts der Größe,
die er vollendet präsentiert,
er gibt sich niemals die geringste Blöße,
weil er so souverän agiert..

Er wirkt bisweilen ziemlich überheblich,
drängt sich allein ins Rampenlicht,
erscheint so prahlerisch, und das wirkt schädlich,
sodass sein Renommee zerbricht.

Der Stolz bewegt sich nur auf dünnem Eise,
er balanciert auf schmalem Grat.
Bleibt er bescheiden, unaufdringlich, weise,
dann akzeptiert man sein Format.

vw

23 Optimistisch stimmende Gefühle

Gelassenheit

Gelassenheit macht dich so ausgewogen,
du findest für dich die Balance
und bist im Gleichgewicht, auf dich bezogen,
erfährst in dir die Contenance.

Dich kann so gar nichts aus der Fassung bringen,
entspannt bist du und krisenfest,
der Gleichmut herrscht in dir vor allen Dingen,
der dich geduldig werden lässt.

So wirkst du wie ein Fels in rauer Brandung
und widerstehst dem Wellengang.
Du bietest einen Ankerplatz zur Landung:
unaufgeregt und lebenslang.

Was du auch tust, du machst es schlicht ergeben,
umsichtig, maßvoll, mit Bedacht
bleibst nüchtern, lässig, cool in deinem Leben
wirkst wie ein guter Geist, der wacht.

In dir sind Seelenfrieden, Ruhe, Stille,
du handelst mit Besonnenheit,
von Abgeklärtheit ist geprägt dein Wille,
strahlst Sicherheit aus jederzeit.

ma

Hoffnung

Die Hoffnung ist zentral als Lebensquelle,
sie weckt in dir die Zuversicht,
macht Mut, auch noch beim Schlimmsten aller Fälle:
Trotz Dunkelheit gibt sie dir Licht.

Die Hoffnung lässt dich immer wieder glauben,
da sei ein Weg aus größter Not.
Und diese Hoffnung kann dir niemand rauben:
Sie stärkt dich wie das täglich Brot.

Die Hoffnung kann dich aber auch verführen
und setzt dir einen Floh ins Ohr,
du könntest nur gewinnen, nicht verlieren,
und bums, schon gibt's ein Eigentor.

Doch wird die Hoffnung in dir nie versiegen,
sie wirkt ein Leben lang als Kraft,
stärkt deinen Willen, nie zu unterliegen,
gibt Kampfesmut und Leidenschaft.

Die Hoffnung geht mit dir durchs ganze Leben,
hebt über Hürden dich hinweg.
Sie stimuliert dich, niemals aufzugeben,
das ist ihr ganzer Sinn und Zweck.

vw

Zufriedenheit

Zufriedenheit ist als Gefühl im Leben
elementar und ganz zentral.
Sie ist als Ziel vom Menschen anzustreben
und ist für ihn stets erste Wahl.

Sie zeigt ihm innerlich und selbstbezogen
ein Maß der Ausgeglichenheit:
Sein Tun und Handeln waren ausgewogen,
Gefühle nicht im Widerstreit.

Was er erstrebte, konnte er erreichen
durch Einsatz seiner eignen Kraft.
Sie ist Gewähr für ihn als gutes Zeichen
von Tatendrang und Leidenschaft.

Zufriedenheit hat vielerlei Facetten,
trägt bei zum inn'ren Gleichgewicht.
Sie macht das Leben leicht, kann vieles glätten
und spiegelt sich dann im Gesicht.

Am Ende will ein jeder Mensch im Leben
in der Bilanz Zufriedenheit.
Er wird bemüht sein und sie stets erstreben
in seiner ganzen Lebenszeit.

vw

Neid

Der Neid hockt Übles brütend da und lauert,
dass er sein Gift versprühen kann.
Als Kleingeist, fest im Menschen eingemauert,
greift er Erfolge andrer an.

Er mäkelt, nörgelt, kritisiert fast alles,
er spaltet selbst das feinste Haar,
sucht maliziös die Schwächen jedes Falles –
nur was er sagt, das ist nicht wahr.

Er kompensiert das eigne Unvermögen
und stutzt den andren, macht ihn klein,
gebärdet sich, als sei er überlegen,
und blendet dann mit falschem Schein.

Ist er zu krass, wird er sich demaskieren,
enthüllt sich selbst als kleines Licht.
Er kann nur eines: Mängel deklarieren –
doch besser machen kann er's nicht.

Der Neid ist Instrument nur kleiner Geister,
und ihnen dient er ungeniert.
Wer ihn erkennt, macht sich zu seinem Meister,
indem er ihn stets ignoriert.

vw

Sorge

Die Sorge macht dich achtsam, lässt dich wachen:
Du setzt dich ein und kümmerst dich,
willst helfen, unterstützen, Gutes machen,
lässt nichts und niemanden im Stich.

Die Sorge liegt dir spürbar auf der Seele,
du fürchtest, ahnst die Not,
dass einem Menschen, den du liebst, was fehle,
dass ihm Gefahr fürs Leben droht.

Die Sorge treibt dich an zum raschen Handeln,
fürsorglich bist du und aktiv,
Gefahren abzumildern, abzuwandeln,
wirksam zu helfen dein Motiv.

Gedanken kreisen so in dir lebendig,
geh'n unterschwellig in dir mit
und nehmen Einfluss auf dich sehr beständig,
begleiten dich auf Schritt und Tritt.

Besorgt sein ist für dich im Leben wichtig,
das macht dich aus, macht für dich Sinn.
Und das Gefühl sagt dir, du handelst richtig
und bist für andre ein Gewinn.

vw

Überraschung

Die Überraschung kann dich sehr verwirren,
du weißt nicht recht, wie dir geschah,
erschreckt schaust du, und deine Blicke irren
um dich herum: Was war denn da?

Was dir passiert, ist unvorhergesehen
und kündigte sich gar nicht an.
Perplex bist du: Wie konnte das geschehen?
Vor allem bist du sprachlos dann.

Bisweilen fängst du einfach an zu lachen,
kannst dich auch freu'n, du bist erregt,
springst auf und machst total verrückte Sachen,
auf jeden Fall bist du bewegt.

Die Augen schauen groß und sind geweitet,
du blickst ungläubig vor dich hin,
auf alles warst du bestens vorbereitet,
nur hierauf nicht: dir sackt das Kinn.

Die Überraschung lässt dich reagieren,
du suchst erneut nach der Balance
und willst auf keinen Fall den Halt verlieren,
denn eines brauchst du: Contenance.

vw

25 Deprimierende Gefühle, Verzagtheit

Schmerz

Der Schmerz durchzuckt dich wie ein Blitz im Innern,
er quält dich und ist eine Pein.
Du reagierst sofort, neigst gar zum Wimmern,
fühlst dich verloren und allein.

Der Schmerz ist lästig, schwerlich zu ertragen,
er tötet jede Lebenslust
und weckt ein krisenhaftes Unbehagen,
macht dir das Unwohlsein bewusst.

Er stößt dich an, gibt deutliche Signale:
ein Weckruf, der dich alarmiert,
denn Körper, Seele woll'n mit einem Male,
dass eine Linderung passiert.

Denn Schmerzen lassen sich nicht ignorieren,
die Nerven spielen ja verrückt.
Du musst was tun, du musst schon reagieren,
damit die Schmerzbefreiung glückt.

Egal, ob Körper- oder Seelenschmerzen,
sie treffen immer dich zentral.
Du nimmst sie dir bewusst zu Herzen –
dir bleibt auch keine andre Wahl.

ma

Schwermut

Die Schwermut lastet, macht das Leben schwerer,
blockiert den Fluss der Energie,
wirkt gleichsam wie ein Lebensmut-Zerstörer:
In dir herrscht Nacht und Sonne nie!

Die Schwermut lähmt dich, wie wenn Bleigewichte
sich auf dich legten – tonnenschwer.
Sie macht dir alle Pläne, Hoffnungen zunichte:
Dir fehlt der Schwung und nichts geht mehr.

Du hältst den Kopf gesenkt, fühlst dich ermattet,
du ziehst dich still in dich zurück.
Auch die Gedankenwelt ist überschattet,
und trübe, düster ist dein Blick.

So siechst du hin, bist nur am Vegetieren,
dein Flügelschlag ist lahm und schwach.
Und nichts und niemand kann dich interessieren,
die Lebenskurve läuft nur flach.

Da bleibt nur eins: den Arzt zu konsultieren,
der hilft mit einer Therapie.
Die stärkt die Psyche: Sie wird triumphieren
und zwingt die Schwermut in die Knie!

ma

Trauer

Die Trauer ist die Auszeit für die Seele,
der Zeiger deiner Uhr bleibt steh'n,
der Atem stockt, wie zugeschnürt die Kehle,
betroffen macht dich das Gescheh'n.

Du blickst zurück, du denkst an alte Zeiten,
daran, wie's früher einmal war,
lässt die Gedanken kreisen, weithin gleiten
und holst dir alte Bilder nah.

Doch nun erscheint die Welt im trüben Lichte,
die Blumen sind verwelkt, verblüht.
Was noch vor kurzem lebte, ist zunichte,
der letzte Funke ist verglüht.

Was wichtig für dich war, ist hingestorben,
und nun, nun spürst du den Verlust.
Bedrückt bist du, dir graut schon vor dem Morgen –
du machst nur, was du machen musst.

Die Trauer hilft dir, Abstand zu gewinnen,
sie heilt Wunden, lindert Leid.
In dir herrscht Ruhe, Einkehr, stilles Sinnen,
und dafür braucht die Seele Zeit.

ma

26 Belastende Gefühle, innerer Stress

Angst

Die Angst lässt dich erschauern, auf der Stelle
ist Konfusion in dir entfacht,
und alarmiert ist jede Nervenzelle:
Die Angst ist stark, und sie hat Macht!

Die Angst ist unberechenbar, denn plötzlich
bricht sie hervor, lähmt dich total.
Du spürst sie intensiv, fühlst dich entsetzlich:
Der Schweiß bricht aus, die Haut wird fahl.

Das Herz beginnt zu pochen, wild zu schlagen,
die Augen blicken schreckensstarr,
die Stimme wird hysterisch, will versagen,
und hoch stellt sich das Nackenhaar.

Die Angst ist gnadenlos, sie quält und peinigt
und macht den Körper hochaktiv,
sie putscht ihn auf, bis die Gefahr bereinigt,
dann schwindet sie ganz instinktiv.

Die Angst ist lästig, aber lebenswichtig,
agiert, wenn dir Versagen droht.
Sie steuert dich in Nöten immer richtig –
und du? Du bleibst damit im Lot!

ma

Ekel

Der Ekel überfällt dich, blankes Grauen
erfüllt dich plötzlich ganz und gar.
Du zweifelst: Kannst du deinen Augen trauen?
Ist das, was du da siehst, denn wahr?

Dich schaudert, es erstarren deine Glieder,
dein Herz verkrampft sich in der Brust.
Die Abscheu ist geweckt, du taumelst nieder,
dein Haar sträubt sich ganz unbewusst.

So spürst du Ekel, packt dich kaltes Grausen,
kaum siehst du Spinnen, haarig, groß.
Du kreischst, bist panisch, willst von dannen sausen:
Nur weg von hier, so denkst du bloß.

So geht's dir auch beim Anblick großer Schlangen:
Erschreckt schaust du und voller Angst.
Du zitterst, bibberst, starrst sie an mit Bangen,
bemühst dich, dass du weggelangst.

Der Ekel ist ein hässlicher Geselle,
er alarmiert dich, so sein Zweck.
bedroht dich , elektrisiert dich auf der Stelle –
und du? Du weichst und willst nur weg.

vw

Furcht

Die Furcht macht dich besorgt, lässt dich erschauern:
Du spürst und witterst die Gefahr.
Real scheint sie, sie lässt dich niederkauern,
schon sträubt sich dir das Nackenhaar.

Beklommen merkst du, wie die Kräfte schwinden,
wie völliges Versagen droht.
Du suchst verzweifelt, einen Weg zu finden,
der dich herausführt aus der Not.

Die Furcht, die dich erfüllt, kannst du beschreiben.
Woher sie kommt, ist dir schon klar.
Dir fehlt die Zuversicht, sie zu vertreiben,
sie scheint für dich nicht angreifbar.

Die Furcht entsteht konkret oft durch Personen,
die Einfluss haben oder Macht
und gegen dich verwenden, dich nicht schonen –
so ist zumindest dein Verdacht.

So kann die Furcht, auch wenn sie quält, dir nützen,
sie gibt der Vorsicht Rückenwind.
Du bist gewarnt und kannst dich wirksam schützen
und handelst weder dumm noch blind.

vw

Scham

Die Scham macht dich beklommen und verlegen,
von großer Pein bist du erfüllt.
Verletzt hast du den Anstand und verwegen
Intimität von dir enthüllt.

Die Scham treibt dir die Röte in die Wangen,
dein Blick weicht aus und ist gesenkt.
Du hast nur einen Wunsch und ein Verlangen,
dass man dir große Nachsicht schenkt.

Du hast gesetzten Normen nicht entsprochen,
hast was getan, was man nicht darf:
Verhaltensstandards ignoriert, gebrochen,
und die Kritik daran ist scharf.

Nun fühlst du dich entblößt und ganz entsetzlich,
geächtet, nahezu gelähmt.
Du fühlst dich hilflos, wirkst zudem verletzlich,
denn du hast dich zutiefst geschämt.

Die Scham hilft dir, in Zukunft zu vermeiden,
dass dir dies Missgeschick passiert,
denn Schamgefühle lassen einen leiden:
Du selbst bist nicht dran interessiert.

ma

Zweifel

Der Zweifel ist ein kritischer Begleiter,
er macht das Leben spürbar schwer,
er zieht die Bremse an, und nichts geht weiter,
was sicher schien, das gilt nicht mehr.

Du drückst ihn nieder, forderst nun sein Schweigen,
doch lässt er sich darauf nicht ein.
Er rührt sich, wird sich unterschwellig zeigen
und gießt dir Wermut in den Wein.

Er lässt sich nicht becircen, korrumpieren,
ist unbestechlich und bleibt hart,
will dich in deinen Handlungen blockieren
und spielt in dir den Widerpart.

Der Zweifel ist ein lästiger Geselle,
ist er geweckt, bleibt er besteh'n,
du reitest mit ihm wie auf einer Welle
und kannst am Ende untergeh'n.

Nur eine Chance bleibt dir, ihn zu besiegen:
Gib deine Argumente deutlich an
und sorg dafür, sie gründlich abzuwägen –
wenn's glückt, durchbrichst du seinen Bann.

vw

27 Aggressive Gefühle

Ärger

Der Ärger ist ein lästiger Geselle,
erzürnt dich und macht dich verstimmt,
kommt aus dem Hinterhalt auf alle Fälle
ganz plötzlich, was dich sehr ergrimmt.

Noch eben schien das Leben gut zu laufen,
war alles noch im rechten Lot,
doch plötzlich ist es nur zum Haare raufen,
und wer betroffen ist, sieht rot.

Laut fluchend grollst du, spuckst nur bitt're Galle,
das Schicksal ist ja so gemein
und hinterlistig, fies in deinem Falle,
denn du hast alles, nur kein Schwein!

Der Ärger schickt dir bitterböse Grüße
und diese wirst du nun nicht los,
du spürst nicht länger mehr des Lebens Süße,
nur noch Verdruss und Sorgen bloß.

Doch oftmals hilft es, ihn zu ignorieren,
weil Ärger selten wirklich lohnt,
und Ärgernisse eben mal passieren,
selbst Klügste werden nicht verschont.

ma

Hass

Der Hass durchtränkt das Herz mit Gift und Galle,
vernichtet jedes Mitgefühl.
Wer ihm erliegt, der ist in seiner Kralle,
und die diktiert ihm jedes Ziel.

Der Hass ist blind und Ausdruck dunkler Mächte,
verschließt sich jedem Argument.
Brutal ist er, missachtet Menschenrechte –
Gewalt, das ist sein Instrument.

Der Hass greift um sich, infiziert die Massen,
erzeugt sich selbst durch Hysterie,
und wahnhaft richtet er sich gegen Rassen,
verbrämt als Ideologie.

Dann zeigt er seine kollektive Fratze
und bringt ein ganzes Volk in Not,
verdreht gezielt das Wort in jedem Satze,
mit dem er Hetze treibt und droht.

Am Ende führt der Hass nur ins Verderben,
zerstört den Frieden überall.
Die Welt zerbricht, und alles liegt in Scherben –
für die Natur ein Unglücksfall.

vw

Verachtung

Verachtung straft den Menschen, lässt ihn fallen,
nimmt ihm Prestige und Renommee,
behandelt despektierlich ihn vor allem
und tut so seiner Seele weh.

Verachtet wird, wer Schuld auf sich geladen
und sich vorbeibenommen hat.
Nun steht er da und trägt für sich den Schaden
und senkt den Kopf und fühlt sich matt.

Verachtete lässt man daher links liegen,
man übergeht sie sehr bewusst
und ächtet sie, zum Beispiel weil sie lügen,
denn so was sorgt für großen Frust.

Verachtung ist beherrscht von dem Gedanken:
Bereite einem andren Schmerz.
Verstoße ihn und bringe ihn zum Wanken,
gib ihm den Stich hinein ins Herz!

Verachtung steuert das soziale Leben
und reguliert es konsequent,
bestraft mithin ein fehlerhaftes Streben,
was man Sozialhygiene nennt.

ma

Wut

Die Wut kommt plötzlich und ist nicht zu zügeln,
sie packt und schüttelt dich total.
Du schlägst um dich, schlägst wie mit tausend Flügeln,
bist heftig, grob und radikal.

Die Augen schauen drohend, quellen über,
sie funkeln, grollen, sind kreisrund.
Du redest laut und heftig wie im Fieber
und hast dabei noch Schaum vorm Mund.

Die Wut lässt sich durch Widerworte steigern,
das Feuer lodert dann noch mehr.
Sie wird erst recht sich der Vernunft verweigern,
und jeder Dialog fällt schwer.

Die Wut erscheint als Ausbruch von Gefühlen,
die Emotion verschafft sich Luft.
Hat sie getobt, beginnt sie abzukühlen
und kehrt zurück in ihre Gruft.

Dort wartet sie, liegt ständig auf der Lauer,
sucht ihre Chance, ist sprungbereit. –
Doch klug beraten ist nur, wer auf Dauer
sie dort belässt für alle Zeit.

vw

Zorn

Vulkangleich bricht der Zorn aus und spuckt Feuer,
dein Geist ist geradezu entflammt,
ein Vorkommnis erregt dich ungeheuer
und echauffiert dich insgesamt.

Die Augen weiten sich und schleudern Blitze,
die Adern an der Stirn schwell'n an.
Du fieberst heftig, redest dich in Hitze,
der Kragen platzt dir irgendwann.

Du kannst, was du gehört hast, nicht ertragen,
und aufgebracht ist dein Verstand.
Er fokussiert sich, um zurückzuschlagen,
gerät fast außer Rand und Band.

Denn was dir widerfährt, lässt dich erbeben,
erschüttert dich, macht dich bereit
zum Gegenschlag. Du willst das Wort erheben,
suchst heftig und gezielt den Streit.

Der Zorn schwillt ab, wenn sich die Argumente finden,
du deutlich deine Meinung sagst.
Denn das beruhigt dich und er wird verschwinden,
weil du für eine Klärung sorgst..

vw

28　Über das Altern und die Lebenszeit nachdenken

Altern

Eines ist dem Menschen klar,
nicht zu leugnen, einfach wahr:
Man wird älter Tag für Tag,
auch wenn man das gar nicht mag.
Ein Prozess, der so geschieht,
dass er schleichend sich vollzieht.
Nur der junge Mensch auf Erden
möchte gerne älter werden.
Irgendwann kommt dann die Wende,
wünscht man sehnlichst sich ein Ende
für den Alterungsprozess:
Manchem macht er richtig Stress!
Doch es gilt: Den Alterszügen
muss man sich im Leben fügen.
Denn es sind nicht aufzuhalten
Bildungen von Runzeln, Falten,
der Verlust von Haaren, Zähnen –
vieles ließe sich erwähnen,
doch der Dichter schweigt jetzt klug,
denn gesagt ist nun genug.
Allerdings muss man ergänzen
diese düsteren Sentenzen!
Denn das Bild betont ja nur
eine Seite der Natur,
das der äußeren Erscheinung –
deshalb folgt die Gegenmeinung:
Altern macht nicht nur Verdruss,
ganz im Gegenteil: ist Genuss!

Denn man sieht das Leben nun
abgeklärt, kann vieles tun,
ohne sich zu echauffieren,
im Detail sich zu verlieren
oder sich blind anzupassen,
bleibt beim Streit zumeist gelassen,
weiß die Gegenwart zu schätzen,
braucht sich nicht mehr abzuhetzen,
nimmt im Leben vieles wahr,
ja, die Existenz wird klar.
Man durchdringt die Lebensfülle
hier in dieser Erdenhülle
und erliegt nicht jedem Wahn,
ist dem Denken zugetan,
fördert seine Geisteskraft,
inspiriert durch Wissenschaft,
und erkennt dann immerhin
das, was zählt: den Lebenssinn.
Deshalb gilt es zu begreifen:
Altern heißt: zur Größe reifen!

Kleiner Trost

Das Altern ist nicht aufzuhalten,
du wandelst dich, du wirst zum Alten.
Mal zwickt es hier, mal zwickt es da,
mal weißt du nicht, wie dir geschah.
So kommt es auch: Unweigerlich
lässt das Gedächtnis dich im Stich.
Und ganz entgegen deinem Willen
brauchst du für Bücher Lesebrillen.
Kurzum: Die Sinne lassen nach,
mit Hörgerät hörst du noch Bach,
nur mit Gebiss isst du dein Brot,
die Treppe meidest du zur Not.
Doch eins beschleicht dich still und leise:
Du wirst besonnen, altersweise,
liebst der Gedanken freies Spiel
und grübelst, meditierst sehr viel.
Ob du es willst oder auch nicht,
am Ende geht dir auf ein Licht,
du siehst, erkennst des Lebens Sinn,
als Philosoph machst du Gewinn!
Und ist der Körper auch verschlissen:
Dein Geist ist dafür voll von Wissen!

hjw

Lebenslauf

Das Unglaubliche ist just geschehen:
Du bist als Neugeburt zu sehen,
erblickst als Baby, hilflos, schwach,
das Licht der Welt, du brüllst, machst Krach
und forderst nunmehr unumwunden,
kaum von dem Mutterleib entbunden,
man möge sich mit allen Händen
dir innig, fürsorglich zuwenden
und dir den Weg hinein ins Leben
erleichtern und dir Liebe geben.
Noch bist du klein, doch du gedeihst
und weißt allmählich, wie du heißt,
und wirst gewahr: Du kleiner Fratz
bist deiner Eltern größter Schatz!
Als Kind erprobst du dich nun täglich,
mal mit Erfolg, mal läuft es kläglich,
spielst viel, gern auch im Sand der Kuhle,
kommst in die Kita, in die Schule,
lernst dabei Wesentliches richtig,
vor allem werden Freunde wichtig.
Nun wirst du größer. Bald schon wächst
Bart oder Busen – wie verhext,
was alles, hormonell bedingt,
dir eine neue Reife bringt.
In dieser Zeit erkennst du dann
dein Ich im Spiegel. Irgendwann
entdeckst du es, wirst dir bewusst,
verspürst in dir die Lebenslust
und musst dich selber akzeptieren,
in der Gestalt, in den Manieren.

So lebst du fort, und wie im Nu
schießt du empor, wächst immerzu,
bist zwischenzeitlich pubertär,
dich einzuordnen fällt nun schwer.
Du möchtest Traditionen brechen,
von selbstbestimmten Zielen sprechen.
Nun reifst du, bildest dich fortan,
wirst klüger und kommst so voran.
Du folgst auch stetig neuen Spuren,
entwickelst eigene Konturen –
und je nach Typ und Temperament
wirst du genau der, den man kennt.
Denn wie du lachst und wie du weinst,
so wie du sprichst und etwas meinst:
Das ist einmalig, wunderbar
und einfach unverwechselbar!
Auf jeden Fall erweitert sich
dein Lebenskreis ganz sicherlich.
Und Freunde werden dazu zählen,
wirst einen Menschen dir erwählen,
für den du brennst und den du liebst,
für den du alles tust und gibst.
Familienmensch, das wirst du dann,
ihr heißt dann schließlich Frau und Mann
und meistert alles nun zu zweit:
So ändert sich die Wirklichkeit.
Besonders dann, wenn es passiert,
ihr euren Nachwuchs generiert
und als Familie euch nun findet,
was lebenslang euch eng verbindet.
Die Zeit verstreicht, die Jahre gehen.
Im hohen Alter wirst du sehen
den Weg, den du beschritten hast,

erkennst im Rückblick Freud und Last
und kannst dich, ohne zu bereuen,
noch auf den Lebensabend freuen.
Doch ganz am Ende, ganz zum Schluss,
kommt leider das, was kommen muss:
Das Leben endet, löst sich auf –
das war er dann: dein Lebenslauf.

vw

Reise durch die Zeit

Zeit entschwindet tröpfchenweise,
läuft dahin unmerklich leise,
niemand spürt, wie sie verrinnt.
Und die Uhr dreht sich im Kreise
wie auf einer Dauerreise,
ohne dass sie Land gewinnt.

Menschen reisen mit den Zeiten
stetig schon seit Ewigkeiten
auf der Erde, die sich dreht.
In den Tausenden von Jahren
haben sie dabei erfahren,
wie das Leben kommt und geht.

Zeit ist kostbar, ist bemessen,
ist begrenzt, nicht zu vergessen,
sie zu nutzen darum gut,
um sich selbst in seinem Leben
einen tiefen Sinn zu geben,
und das geht nur, wenn man's tut.

So erlebt auf seine Weise
jeder Mensch die Zeit als Reise,
von dem eignen Geist bewegt.
Und mit jedem Glockenschlage
geht die Zeit hin, geh'n die Tage,
bis die letzte Stunde schlägt.

ma

Poesie

Poesie kann viel zum Ausdruck bringen,
bringt auch die Sprache zum Erklingen:
gestaltet kunstvoll und mit Sinn.
Sie spiegelt tiefe Impressionen,
stößt an Erkenntnisse, die lohnen –
kurzum: Poesie ist ein Gewinn!
Doch irgendwann endet sehr weise
die Dichtung als Gedankenreise,
denn einmal kommt, was kommen muss:
der Schluss.

Angaben zum Autor

 Ulrich Kulicke, geboren 1949 in Hamburg, fing in seiner Jugendzeit an, Gedichte zu schreiben. Inspiriert durch Wilhelm Busch, aber auch durch seinen Vater, der für ihn in der Kunst des Verseschmiedens ein Vorbild war, fand er früh daran Gefallen, seine Gedichte humoristisch zu gestalten. Dazu gehörte aus seiner Sicht verpflichtend, ein Metrum und Reimschema auszuwählen, fest einzuhalten und darauf zu achten, dass die Verse trotz solcher formaler Vorgaben geschmeidig klingen.

Thematisch hat sich der studierte Pädagoge und pensionierte (Deutsch)Lehrer schon immer mit den Eigenheiten des Menschen beschäftigt. Ein solches Interesse entstand alleine schon berufsbedingt. Besonders in seinen späteren Jahren hat er die menschliche Spezies genauer unter die Lupe genommen und in weit über hundert Gedichten zum Ausdruck gebracht. Die vielfältigen Facetten des Menschen haben ihm immer wieder reichlich Stoff für Gedichte gegeben, die er unter dem Motto veröffentlichte: Bemerkenswert apart der Mensch in seiner Art.

Der Wunsch, seine Gedichte ergänzend zu illustrieren, war inspiriert durch sein dichterisches Vorbild Wilhelm Busch. Per Zufall entstanden anfangs kongeniale Zeichnungen, gefertigt von Berufskollegen aus dem Kunstbereich. Mittlerweile sind die vielen Illustrationen seiner Gedichte Ergebnis einer Auftragsarbeit.

Seit der Pensionierung im Jahr 2012 haben seine dichterischen Aktivitäten zugenommen. Sie sind für ihn Ausdruck von Nachdenklichkeit, Lebensreflexion und Selbstwirksamkeit. Auf der Suche nach neuen Inhalten, die für die Form des Gedichts geeignet sind, entdeckte Ulrich Kulicke die Epen und Sagen der griechischen Mythologie. Er beschäftigte sich eingehend mit ihnen und erzählte sie in Gedichtform nach. So entstand als erstes eine neue dichterische Fassung von der Abenteuerreise des Helden Odysseus. Des Weiteren interessierten ihn die Schicksale der von Mythen umrankten Gestalten aus antiker Zeit. Auch diese schilderte er anschaulich mit seiner dichterischen Sprache: so den König Ödipus, dessen Tragik erstmals von Sophokles im Schauspiel verewigt wurde, so den König Sisyphus, bekannt durch die Metapher der Sisyphusarbeit, und schließlich den Titan Prometheus, den Protagonisten für den Fortschritt der menschlichen Zivilisation. Auch diese Werke sind im Buchformat veröffentlicht.

In jüngster Zeit nahm sich Ulrich Kulicke ausgewählte Märchen vor. Dabei ging es ihm nicht nur darum, den durch die Gebrüder Grimm bekannten Inhalt in Gedichtform wiederzugeben, sondern den (tiefen)psychologischen Gehalt zu entdecken und eine parallele Erzählung mit Bezug zur heutigen Zeit zu ergänzen. So entstanden neue Texte über Hans im Glück, Rotkäppchen, die Bremer Stadtmusikanten und Hänsel und Gretel.

Die Gedichte dieses Buches sind im Laufe der letzten zehn Jahre nach und nach entstanden und wurden zum Teil auch schon in vorherigen Gedichtbänden veröffentlicht. Viele der Gedichte in diesem Buch sind noch einmal intensiv überarbeitet worden. Dieser Gedichtband ist auch ein Ergebnis der krisenhaften Situation, die durch die Corona-Pandemie entstanden ist. Diese Situation hat neue kreative Kräfte zur Gestaltung des Alltags freisetzt und Raum für Kultur in den eigenen vier Wänden eröffnet.

Weitere Buchtitel

60 Gedichte über verschiedene menschliche Typen,
von A bis Z: vom Altruisten bis zum Zyniker, 128 Seiten,
neu erschienen bei:
Books on Demand GmbH, Norderstedt, April 2021
unter der BoD-Nummer **21555621** im BoD-Shop,
im Buchhandel unter der **ISBN-13: 9783753463261**.

Die Neufassung der
Odyssee dieses
Gedichtbandes greift den
Handlungsfaden der
ursprünglichen
Homer'schen Erzählung
auf, gibt ihn aber gerafft
und in humoristisch
gefärbter Sprache
wieder.
Erschienen bei:
Books on Demand
GmbH, Norderstedt,
108 Seiten,
unter ISBN-13 : 978-
3749431533

Gestalten der
griechischen Mythologie
haben die Menschen seit
der Antike zutiefst
berührt und in ihren
Bann gezogen. Ihre
Schicksale werden
fesselnd-faszinierend in
diesem Gedichtband neu
erzählt.
Erschienen bei:
Books on Demand GmbH,
Norderstedt, 108 Seiten,
unter ISBN-13 : 978-
3750400740

Ulrich Kulicke

Sagenhafte Gestalten:
König Ödipus – Sisyphus –
Prometheus

*Berührende Schicksale,
neu erzählt in Gedichtform*